Endlich meine Finanzen im Griff

*Die Schritt für Schritt Anleitung für ein finanziell
sorgloses Leben*

Thomas Langhorst

Impressum

Endlich meine Finanzen im Griff

Originale Erstauflage 2021
Copyright © by Thomas Langhorst.

Thomas Langhorst
Berg 28
52382 Niederzier

Autor: Thomas Langhorst
Illustrationen: Thomas Langhorst
Umschlaggestaltung: Thomas Langhorst

Inhaltsverzeichnis

Einleitung

Da stand ich also. Als der Kassierer mir meine Kontokarte wieder in die Hand gab und mir erklärte *„Da ist leider zu wenig Geld auf ihrem Konto."* *„Quatsch. Das kann nicht sein."*, antwortete ich. Ich wusste, dass mein BAföG erst vor einigen Tagen überwiesen worden war. *„Das muss an der Karte liegen. Probieren Sie es bitte nochmal."*, bat ich ihn. *„Leider nein. Es ist nicht genug Geld auf dem Konto. Sie dürfen die Ware leider nicht mitnehmen"*, erklärte er mir höflich, nachdem er es erneut versuchte. Als ich den Laden verließ, bin ich vor Scham im Boden versunken. Den kompletten Heimweg habe ich mir Gedanken darüber gemacht wie mein Leben nun weitergehen sollte. Erstens musste ich herausfinden warum kein Geld mehr auf dem Konto war und zweitens musste ich mir dringend überlegen wo ich genügend Geld herbekam, um die nächsten Wochen zu überleben.

Genau so ist es mir vor etwas mehr als 10 Jahren am Anfang meines Studiums passiert. Ich war abhängig von jedem einzelnen Euro. Wenn irgendwelche unregelmäßigen Ausgaben eintraten, hat mich das sofort in eine finanzielle Schieflage gebracht. Dieses Gefühl, nicht mehr zu wissen, ob ich die nächsten zwei Wochen überhaupt etwas zu Essen haben würde oder nicht, hat mich damals dazu getrieben, mich viel genauer mit meinen Ausgaben zu beschäftigen. Ich wollte nie wieder in eine solche Situation kommen, in der ich nicht weiß, ob ich mit meinem Geld auskomme oder nicht. Es war also an der Zeit, meine Finanzen in den Griff zu bekommen.

Nachdem ich diesen Entschluss gefasst habe, ist der richtige Umgang mit Geld zu einer regelrechten Leidenschaft geworden. Ich habe unzählige Bücher, Fachartikel und Blogeinträge gelesen, Youtube Videos und Vorträge geschaut. Ich war fast besessen davon herauszufinden wie andere Menschen ihre Finanzen regelten. Selbstverständlich habe ich so gut wie jeden Tipp und Trick, den ich gelesen oder gehört habe selbst ausprobiert und meine persönlichen Erfahrungen damit gemacht. Mittlerweile sind mehr als 10 Jahre vergangen, seit ich mit dem Führen des Haushaltsbuches angefangen habe. Obwohl ich mittlerweile natürlich mehr Geld zur Verfügung habe als noch zu Studienzeiten, führe ich noch heute eins. Meine Ausgaben sind seither selbstverständlich auch gestiegen. Aber ich bin finanziell so abgesichert, dass mir fast nichts passieren kann, was mich aus der Bahn wirft. Ich habe meine Finanzen komplett im Griff. Und du wirst das ebenfalls schaffen!

KAPITEL 1

Das Problem mit dem Geld

Kapitelübersicht

Ich möchte dir zunächst zeigen, dass es viele Ursachen geben kann wie Probleme mit Geld ent-
stehen. Meistens gibt es auch nicht „*die eine*"
Ursache oder „*das eine*" Problem. Es ist immer
eine Kombination von Ursachen, die stark voneinander abhängig sind. Das eine Problem führt
zum Nächsten, was wieder zum Nächsten führt
und so weiter und so fort. Ist die Schwelle einmal
überschritten, fühlt man sich gefangen im finanziellen Teufelskreis. Sobald man einmal gefangen
ist, schlägt dies natürlich auch auf die Stimmung.
Ich werde dir diesen Zusammenhang noch genauer erklären und dir Tipps geben wie du wieder
heraus kommen kannst.

1.1 Du kannst nichts dafür

Ja, du hast richtig gelesen. Eigentlich kannst du
gar nichts dafür, dass du nicht mit deinem Geld
umgehen kannst. Es ist nämlich ganz tief in deiner DNA verankert. Vor einigen hunderttausend
Jahren hat schon der Neandertaler nicht viel vom
Sparen gehalten. Wenn er Hunger hatte, hat er
sich ein Mammut gejagt, es gegessen und ist wei-
tergezogen. Bisher sind noch keine wissenschaftli-
chen Funde gemacht worden, die einen Neandertaler mit seiner Tupperdose zeigen, in der er Es-
sensreste für schlechte Zeiten aufbewahrte. Man

kann also davon ausgehen, dass der Neandertaler mit dem Sparen nicht wirklich was am Hut hatte. Sobald er wieder Hunger hatte, ist er wieder auf die Jagd gegangen. Selbst vor 10.000 Jahren, als die Menschen weitesgehend aus Jägern und Sammlern bestanden, wurde nicht gespart. Nahrungsmittel gab es zu Hülle und Fülle. Man konnte sich täglich frischen Fisch angeln, Beeren und Nüsse im Wald sammeln und Wildtiere mit Fallen oder Pfeil und Bogen fangen. Die Menschen hatten es früher nicht nötig mehr zu sammeln, als sie für einen Tag benötigten.

Das ist im heutigen Zeitalter allerdings anders. Der Neandertaler hatte eine durchschnittliche Lebenserwartung von nicht mal 30 Jahren. Selbst vor einigen hundert Jahren ist der Mensch nicht wesentlich älter geworden als 40. Durch den heutigen Stand der Medizin werden die Menschen im Schnitt fast 80 Jahre alt. Fast doppelt so alt als noch vor einigen Jahrhunderten. Hinzu kommt, dass sich die Bevölkerungszahl der Erde im letzten Jahrhundert fast vervierfacht hat. Das Alles kommt natürlich auch zu einem Preis. Die Ressourcen werden immer knapper. Die Menschheit muss also zwangsläufig lernen besser damit umzugehen. Oder anders ausgedrückt: zu sparen. Sparen ist also erst ein modernes Konzept. Evolutiv betrachtet waren die Menschen über mehrere Jahrtausende nicht darauf programmiert mit ihren Ressourcen sparsam umgehen zu müssen. Eine dieser Ressourcen ist auch das Geld. Man könnte also behaupten, dass der Mensch evolutiv betrachtet gar nicht dafür ausgelegt ist mit seinem Geld vernünftig umgehen zu können. Er hat es ja über die Jahrtausende gar nicht gelernt. Und jetzt soll er es auf einmal können?

Du könntest dich jetzt natürlich zurücklehnen und sagen: *„Schon der Neandertaler ist Schuld daran, dass ich nicht mit meinem Geld umgehen kann! Wir sind ja schließlich nicht dafür gemacht lange im Voraus zu planen."* Der Glaube, dass wir eigentlich gar nicht Sparen müssen scheint also tief in unserer DNA verwurzelt zu sein. Doch wenn du in der heutigen Zeit überleben möchtest, darfst du dich nicht darauf ausruhen und die Schuld auf jemanden schieben, der schon seit ungefähr 30.000 Jahren ausgestorben ist. Du musst dich mit dir und deinen Finanzen auseinandersetzen, wenn du mit deinem Geld vernünftig umgehen möchtest.

1.2   Finanzielle Glaubenssätze

„Geld ist nicht alles auf der Welt", *„Ich kann nicht gut mit Geld umgehen"*, *„Ich brauche kein Geld, um glücklich zu sein"*, *„Geld ist schlecht"*. Das sind alles negative Glaubenssätze, die du wahrscheinlich bereits von Kindesalter an ein-

geprägt bekommen hast. Zum Beispiel von deinen Eltern, Tanten und Onkeln, Lehrern oder von Eltern deiner Freunde. Wenn man sie nur oft genug zu hören bekommt, setzen sich solche Sätze tief im Unterbewusstsein ab. Du gehst also schon früh im Leben davon aus das Geld etwas Schlechtes ist, obwohl du selbst noch nie dein eigenes Geld verdient hast. Das ist ganz schön unfair. Zumal diese Glaubenssätze in der Regel gar nicht stimmen und trotzdem als Wahrheit angesehen werden. Kaum jemand hinterfragt sie. *„Schon meine Großmutter hat immer gesagt, dass Geld schlecht ist."* Also wenn selbst deine Großmutter das schon gesagt hat, dann muss es ja wahr sein, oder etwa nicht? Ich behaupte, dass dies nicht so ist. Wenn man sich kritisch mit einzelnen Aussagen auseinandersetzt und sie hinterfragt, dann kommt man schnell dahinter, dass sie nicht ganz der Wahrheit entsprechen. Oder im schlimmsten Fall sogar schlichtweg falsch sind. Doch bevor wir uns einzelne Glaubenssätze im Detail anschauen, möchte ich mit dir ein kleines Experiment durchführen. Nimm dir 5 Minuten Zeit und schreibe auf einen Zettel was du über Geld denkst. Was haben deine Eltern dir über Geld beigebracht? Denke über weitere Personen nach, die dich in finanzieller Hinsicht beeinflusst haben. Welche Glaubenssätze haben dich in deiner Erziehung beeinflusst?

Nachdem du deine Glaubenssätze aufgeschrieben hast, gehe sie noch einmal kurz durch. Wie sind sie ausgefallen? Sind sie eher positiv oder eher negativ? Sind sie voller Zuversicht, dass du im finanziellen Reichtum lebst, oder eher angsterfüllt und sorgenvoll? Selbst wenn nur einer deiner Punkte negativ ausgefallen ist, dann bist du nicht absolut davon überzeugt, dass Geld etwas Gutes ist. Diese Übung ist entscheidend für die nächsten Abschnitte, da wir uns viel mit finanziellen Glaubenssätzen auseinandersetzen werden. Führe sie also auf jeden Fall durch. Wenn deine Ansichten gegenüber Geld eher negativ sind, dann wirst du auf den nächsten Seiten erfahren, dass negative Glaubenssätze meistens gar nicht der Wahrheit entsprechen. Schauen wir uns die einzelnen Glaubenssätze einmal an.

Geld ist schlecht

Ist Geld wirklich schlecht? Geld ist doch eigentlich nur ein Stück Papier, auf dem Zahlen gedruckt sind. Was sollte daran schlecht sein? Sind nicht eher die Menschen, die Schlechtes damit tun, schlecht? Wenn ich einem schlechten Menschen viel Geld gebe, dann wird er damit sicherlich schlechte Dinge tun. Er wird das Geld für Dinge einsetzen, die ihm oder seiner Umwelt schaden. Wenn ich aber einem guten Menschen Geld gebe wird er damit automatisch ein schlech-

ter Mensch? Auf keinen Fall. Geld selbst ist also
nicht schlecht. Geld bringt allerdings die wahren
Charaktereigenschaften eines Menschen zum Vorschein.

Nur Gauner und Betrüger verdienen viel Geld

Ich möchte nicht behaupten, dass es
tatsächlich Menschen gibt, die mit unehrli-
chen Taten zu viel Geld gekommen sind. Es gibt
immer schwarze Schafe. Aber ich bin mir sicher,
dass ein wesentlich größerer Teil der reichen
Menschen durch harte Arbeit und finanzielles
Geschick an ihr Vermögen gekommen sind. Wenn
man heutzutage einen jungen Menschen in einem
neuen Sportwagen sieht, ist der erste Gedanke,
den ich leider schon viel zu häufig von anderen
Menschen gehört habe: *„Der verdient sein Geld
doch sicher mit dem Verkauf von Drogen!"*
Dass dieser junge Mensch aber vielleicht mit 17
bereits seine eigene Firma gegründet, jeden Tag
16 Stunden gearbeitet und sein Geld sinnvoll in
Aktien, Immobilien oder Firmenbeteiligungen
investiert haben könnte, kommt den wenigstens
Menschen in den Sinn. Menschen, die ein hohes
Einkommen verdienen besitzen einen Gegen-
wert für den andere bereit sind viel Geld zu
bezahlen. Es sind in der Regel Experten auf
einem Gebiet. Anwälte können zum Beispiel

11

sehr hohe Stundensätze verlangen, weil sie sich auf einem Gebiet sehr gut auskennen und auch ständig weiterbilden müssen. Immerhin hängen Schicksale anderer Menschen von ihnen ab. Aber nicht jeder Anwalt ist deswegen gleich ein Betrüger.

Ich brauche kein Geld um glücklich zu sein

Ich stimme grundsätzlich zu. Man benötigt nicht unbedingt Geld um glücklich zu sein. Ich kann auch glücklich sein, wenn ich morgens bei Sonnenschein und Taunässe einen schönen Spaziergang durchs Feld mache. Dazu brauche ich kein Geld. Aber sobald die nächste Rechnung auf dem Tisch liegt und ich kein Geld mehr habe, um diese zu bezahlen, ist mein Glücksgefühl schnell verflogen. Man ist also nur so lange glücklich bis man merkt, dass man abhängig von Geld ist. Je unabhängiger man von Geld ist, desto sorgloser kann man sein Leben genießen. Ich würde also sagen, dass man zwar kein Geld braucht um glücklich zu sein, aber sehr wohl um sorglos zu sein.

Über Geld spricht man nicht

Ich persönlich halte das für Schwachsinn! Hast du jemals versucht in einem Thema besser zu wer-

12

den ohne dich mit anderen Personen darüber auszutauschen? Hast du damals in der Schule mal versucht dir ein Fach beizubringen ohne auch nur ein einziges Mal mit deinen Mitschülern oder deinen Lehrern darüber zu sprechen? Wie hast du denn dann deine Fehler bemerkt oder die richtige Antwort auf eine Frage bekommen, wenn du dich nicht mit anderen ausgetauscht hast? Meiner Meinung nach ist es sogar enorm wichtig über Geld zu sprechen, wenn man seine Finanzen in den Griff bekommen möchte. Sparmöglichkeiten, Anlagestrategien und Steuertipps sollte man genau so austauschen wie gute Rezepte. Wenn man aber von Kindesalter an eingetrichtert bekommt, dass man um das große böse Thema Geld lieber einen hohen Bogen machen soll, dann ist es auch kein Wunder, dass so wenige Menschen wirklich gut mit Geld umgehen können. Mal ganz nebenbei: Was glaubst du worüber finanziell erfolgreiche Menschen sehr häufig sprechen? Richtig geraten!

Wenn ich nur spare habe ich nichts vom Leben

Ich stimme dem nur bedingt zu. Auf wirklich alles zu verzichten und sein ganzes Geld zu sparen ist tatsächlich nicht Sinn der Sache. Es bringt einem natürlich nichts wenn man sein ganzes Leben lang brav jeden Cent gespart hat und am

Ende mit drei Millionen Euro auf dem Bankkonto verstirbt. Eine bessere Herangehensweise wäre also beides zu haben: Geld auf dem Konto und ein tolles Leben. Doch wie bekommt man das hin? Eigentlich ist genau dies Thema des ganzen Buches, aber ich gebe dir hier schonmal einen kleinen Vorgeschmack. Beim Sparen geht es nicht darum nie wieder Urlaub zu machen. Es geht viel eher darum smart Urlaub zu machen. Was wäre dir lieber: Ein zweiwöchiger Urlaub in einem Bungalow mit Selbstverpflegung auf einer Kanarischen Insel für insgesamt knapp 1000 Euro. Oder ein einwöchiger Urlaub in einem vier Sterne All Inclusive Hotel in der Karibik für 2000 Euro? Wenn du also keinen riesen Wert darauf legst wie ein König behandelt zu werden, dann bekommst du die doppelte Urlaubsdauer für die Hälfte des Preises. Du hast also gespart und gleichzeitig was von deinem Leben gehabt.

Ich kann nicht mit Geld umgehen

Das ist der für mich persönlich schlimmste Glaubenssatz. Wenn du so denkst, dann solltest du dieses Buch wirklich dringend und ganz genau lesen. Ich werde dir hier so viele Tipps und Tricks zeigen wie du genau das lernst. Richtig mit Geld umzugehen ist zugegebenermaßen nicht ganz einfach. Sonst würden es ja nicht so viele falsch machen und ihr ganzes Leben lang von Monat zu

Monat auf ihr Gehalt warten, nur damit sie wieder Einkaufen gehen können. Aber wie alles im Leben kann man den richtigen Umgang mit Geld erlernen. Stell dir ein Baby vor, das von Anfang an denkt: *„Ach, ich kann einfach nicht Laufen. Ich lass das einfach sein!"*, und es dann einfach aufgibt und nie lernt. Jeder Mensch hat Laufen gelernt, weil man nicht daran gedacht hat, dass man es nicht kann. Warum denken dann so viele, dass sie nicht mit Geld umgehen können? Jeder kann es lernen. Doch die wenigsten haben das richtige Handwerkszeug dazu.

Ich möchte dir jetzt, dass es nicht nur negative finanzielle Glaubenssätze gibt. Je nachdem wie du über Geld denkst, hat starken Einfluss auf deine finanzielle Situation. Wenn du Geld für etwas Schlechtes hälst wirst du sehr wahrscheinlich nicht viel Geld besitzen oder gut damit umgehen können. Ich habe dir gezeigt, dass hinter jedem negativen Glaubenssatz auch eine andere Sichtweise stecken kann. Wenn du deine Finanzen in den Griff bekommen möchtest, musst du anfangen dein Denken über das Geld zu verändern. Eine Veränderung ist immer anstrengend. Aber ständige Geldprobleme sind es weitaus mehr. Darum musst du dich mit deinen Gedanken über Geld auseinandersetzen. Eine kleine Übung die dir dabei helfen kann ist folgende. Schau dir nochmal deine Punkte an, die du am

15

Anfang des Abschnitts über Geld aufgeschrieben hast. Wenn sie negativ sein sollten, dann formuliere sie in einer positiven Art um und schreibe sie erneut auf. Hier sind einige Beispiele:

negativ: Über Geld spricht man nicht.
positiv: Man sollte über Geld sprechen, um sich weiterzubilden.

negativ: Geld macht nicht glücklich.
positiv: Geld macht sorglos.

negativ: Wenn ich nur spare, habe ich nichts vom Leben.
positiv: Man kann sparen und gleichzeitig sein Leben genießen.

negativ: Geld ist schlecht.
positiv: Geld bringt die wahren Charaktereigenschaften eines Menschen zum Vorschein.

1.3   Ursachen für Geldprobleme

Der richtige Umgang mit Geld ist im Grunde genommen doch ganz einfach: *„Gib weniger aus, als* *du verdienst"*. Vielen Dank, dass du dieses Buch gelesen hast. Es war mir eine Freude alle deine Probleme zu lösen! Wenn es wirklich so einfach wäre, dann gäbe es nicht so viele Menschen die Probleme mit ihrem Geld haben. Im Folgenden werde ich dir typische Ursachen nennen, die sehr wahrscheinlich auch auf dich zutreffen.

Zu hohe Ansprüche

Fangen wir direkt mit einem Klassiker unter den finanziellen Irrtümern an: *„Ich verdiene zu wenig Geld!"*. Ich kann dir versichern, dass nicht die Menge des Geldes das Problem ist, sondern der falsche Umgang damit. Menschen, die richtig mit Geld umgehen können, besitzen Systeme mit denen sie selbst wenig Geld vernünftig einteilen und verwalten. Ganz im Gegenteil zu den Menschen, die das nicht können. Wenn du ihnen mehr Geld gibst kaufen sie sich nur noch mehr Dinge, die sie gar nicht brauchen. Die meisten Menschen fangen nach einer Gehaltserhöhung nicht an ihre offenen Rechnungen zu begleichen, sondern gönnen sich erst mal einen Urlaub. Die harte Arbeit muss ja schließlich belohnt werden. Sobald sie den Urlaub hinter sich haben, wird mit dem höheren Gehalt die alte Rostlaube durch einen schicken Neuwagen ersetzt. Für die meisten Menschen steigen in der Regel mit dem Gehalt auch deren Ansprüche. Das führt dann nicht zur

17

Lösung ihrer finanziellen Probleme, sondern bewirkt meistens das Gegenteil.

Es gibt auch unzählige Geschichten über Menschen, die sehr schnell zu Reichtum gekommen sind und nach wenigen Jahren alles wieder verloren hatten. Du hast bestimmt schon mal von einem Lottogewinner gehört, der nach einigen Jahren wieder pleite war. Oder einem Sportler, der nach seiner Profikarriere bankrott gegangen ist. Sie haben nie gelernt mit dem plötzlichen Reichtum vernünftig umzugehen. Selbst wenn man wirklich sehr viel mehr Geld zur Verfügung hat ist das nicht die Lösung des Problems.

Das soziale Umfeld

Es tut mir leid, wenn ich das so knallhart aussprechen muss, aber dein persönliches Umfeld kann sogar ein sehr großer Faktor für deine Geldprobleme sein. Ich erinnere mich noch an eine Gruppe von Freunden die jeden Freitag Abend in die Disko gegangen sind. Jeder Abend hat zwischen 50 und 100 Euro gekostet. Mit Alkohol zum Vorglühen, einem Snack bevor es losging, dem Eintritt, den Getränken in der Disko, einem guten Frühstück beim Imbiss vor der Heimfahrt und der Busfahrt nach Hause ist jedes Mal ein hübsches Sümmchen dabei drauf gegangen. Für mich sind 50 Euro damals sehr viel Geld gewesen. Wenn

18

ich dann aus finanziellen Gründen absagen wollte, durfte ich mir immer Sprüche anhören wie *„Ach komm, so schlimm ist es doch nicht.", „Na dann trinkst du heute eben nur zwei Bier"* oder *„Ach kein Problem, ich leih dir was.".* Und schon war ich wieder unterwegs. Selbst wenn ich tatsächlich nur zwei Bier getrunken habe, den Eintritt und die Busfahrt musste ich trotzdem bezahlen. So habe ich mich damals stark von meinem Umfeld mitreißen lassen und zumindest aus finanzieller Sicht dumm gehandelt. Für mich war mein Umfeld ein großer Einflussfaktor, warum ich damals Geldprobleme hatte.

Es gibt unzählige andere Beispiele, in denen das Umfeld einen großen Einfluss auf das Verhalten hat und dazu führt, dass man Probleme mit deinem Geld bekommt. Wenn alle Arbeitskollegen mittags in die Kantine wandern und man eigentlich belegte Butterbrote dabei hat. Wenn alle Freunde mit den neusten hippen Klamotten in die Schule gehen, während man selbst den alten Pullover des älteren Bruders trägt. Wenn man noch mit seinem vier Jahre alten Smartphone zufrieden ist, während selbst die eigene Mutter einem ans Herz legt sich doch endlich ein neueres Modell zu kaufen. Das sind alles Situationen in denen man sich sehr leicht von seinem soziales Umfeld beeinflussen lässt und finanziell unklug handeln könnte.

Ich möchte dir nicht nahe legen dein komplettes Umfeld zu ändern und dich nur noch mit Supersparern zu umgeben. Was ich dir aber mitgeben möchte ist, dass du mit genügend Selbstdisziplin deine Ausgaben besser unter Kontrolle halten kannst. Selbst wenn die Verlockungen durch das Umfeld hoch sind.

Falsches Konsumverhalten

Die meisten Menschen haben eigentlich gar kein Geldproblem, sondern ein Ausgabenproblem. Sie kaufen sich Dinge, die sie sich nicht leisten können, von dem Geld, welches sie gar nicht besitzen. Es ist durch Angebote wie *„Kaufe jetzt und zahle später"* für den Kunden einfacher denn je sich Dienstleistungen oder Waren zu kaufen ohne direkt dafür Geld zu bezahlen. Das läd selbstverständlich dazu ein, weit über seine Verhältnisse zu leben. Man kann sich also einen riesigen Fernseher ins Wohnzimmer stellen, obwohl man sich diesen gar nicht leisten kann. Das ist finanziell gefährlich.

Das ist aber nicht das einzige Problem. Denn während man sich Urlaubsbilder und Katzenvideos auf Social Media Plattformen anschaut, wird man regelrecht überflutet von Werbeanzeigen für Dinge, die man gar nicht braucht. Dennoch wird man durch deren ständige Präsenz sehr leicht dazu verleitet auf „*Jetzt kaufen*" zu klicken. Nachdem man sich bereits den dritten 20 Meter Gartenschlauch bestellt hat, sollte man sich doch die Frage stellen, ob das wirklich nötig ist. Auch du hast mindestens ein Küchengerät, welches genau ein einziges Mal benutzt wurde und seither im Schrank staub fängt. Warum hast du es dir gekauft? Sicherlich weil es im Angebot war, oder? Die ständige Werbeflut verlockt mit super Angeboten und nie dagewesenen Tiefstpreisen. Man muss dafür nicht mal das Haus verlassen. Genau so tappen viele Konsumenten in die Falle.

Es sind aber auch Verhaltensweisen, die häufig dazu führen, dass man falsch konsumiert und dadurch zu viel Geld ausgibt. Natürlich ist es wesentlich entspannter Sonntag Abend bequem von der Couch aus eine Spaghetti Carbonara zu bestellen, statt sich aufzuraffen und die Nudeln selbst zu kochen. Und wer isst schon gerne zwei Tage hintereinander das gleiche? Statt die Reste noch einmal aufzuwärmen schmeißt man sie lieber weg und kocht etwas anderes. Dieses Verhalten gilt nicht nur für Essen. Bevor man ein altes ausgewaschenes T-Shirt tatsächlich aussortiert, hat man in der Regel 10 neue gekauft.

Mangelnde finanzielle Übersicht

Dies führt mich auch direkt zum nächsten Punkt. Viele Menschen wissen gar nicht, wie viel sie für diese „*Kleinigkeiten*" ausgeben. Es ist also nicht nur das Konsumverhalten an sich, sondern auch die dazugehörige mangelnde finanzielle Übersicht. Hast du jetzt gerade die Summe im Kopf, die du jeden Monat zum Leben brauchst? Ich meine nicht „*ungefähr 1000 Euro*", oder „*zwischen 1000 und 1500 Euro*". Nein, ich rede vom exakten Betrag: „*genau 1194 Euro*". Die wenigsten Menschen kennen den genauen Betrag ihrer monatlichen Ausgaben. Es ist also kein Wunder, dass es ihnen schwer fällt finanziell sinnvolle Entscheidungen zu treffen. Du kennst doch auch Menschen, die sich jedes Jahr aufs Neue darüber beschweren, dass sie so viel Geld für Weihnachten und die Festtage ausgeben. Aber Weihnachten kommt gar nicht so spontan wie man denkt. Wenn man weiß, dass man monatlich 1194 Euro benötigt um seine Ausgaben zu decken und das Weihnachtsfest ungefähr 300 Euro an Kosten verursachen wird, dann kann man wesentlich besser abschätzen ob man sich im November noch eine neue Winterjacke leisten kann, oder nicht. Ist die Winterjacke gekauft, wird es für das tolle Weihnachtsfest finanziell eng. Natürlich ist es aber wesentlich einfacher sich über die Kosten des Weihnachtsfestes aufzuregen, als sich über sich

22

selbst zu ärgern. Aber wie hätte man vorausahnen können, dass das Geld nicht reicht, wenn man seine Finanzen nicht im Überblick hat?

1.4 Ein Teufelskreis

Ist es dir schon mal so ergangen, dass sich deine Stimmung extrem verschlechtert hat, nur weil du gerade an deine Finanzen denken musstest? Alleine der Gedanke daran, dass du noch offene Rechnungen begleichen musst, treibt dir schon miese Stimmung ein? Es reicht sogar nur die Tatsache aus, dass du deine Ausgaben noch überprüfen musst, damit deine Laune in den Keller geht? Wenn das so ist, dann hat deine finanzielle Situation einen gehörigen Einfluss auf deine Stimmung. Aber keine Sorge. Damit bist du nicht alleine. Diese Sorgen hat jeder Mensch. Wirklich jeder. Zwar sind die Sorgen bei jedem unterschiedlich stark ausgeprägt, aber ich kenne keinen einzigen Menschen der noch nie in seinem Leben schlecht gelaunt war, weil er Geldsorgen hatte.

Andererseits ist es aber so, dass sich deine schlechte Stimmung auf deine Finanzen auswirkt. Hast du jemals das Bedürfnis gehabt einen Finanzplan aufzustellen, gleich nachdem du einen Streit mit deinem Partner oder einem Arbeitskollegen hattest? Also mir ging es noch nie so. Bei vielen Menschen ist sogar das Gegenteil der

Fall. Um ihre Stimmung zu heben kaufen sie sich Dinge, die sie in der Regel gar nicht brauchen. Beim Kauf schöner, neuer Dinge werden Glückshormone ausgeschüttet und man fühlt sich für einen kurzen Zeitraum besser. Allerdings hält das Hochgefühl der tollen, neuen Smartwatch nur so lange an, bis man sich wieder mit seinen Finanzen auseinandersetzen muss und feststellt, dass man unnötigerweise Geld ausgegeben hat. Geld, welches man an anderer Stelle dringender gebraucht hätte. Sobald man realisiert, dass das Geld an falscher Stelle ausgegeben worden ist, wirkt sich das wieder negativ auf die Stimmung aus. Das ist ein Teufelskreis. Finanzielle Sorgen haben starken Einfluss auf die mentale Gesundheit. Eine angeschlagene mentale Gesundheit sorgt wiederum dafür, dass man weniger auf seine Finanzen achtet. Genau diesen Teufelskreis gilt es also zu durchbrechen.

Hast du jemals versucht einfach besser drauf zu sein? Hat sich deine Stimmung jemals nach dem Gedanken „*Ach, alles halb so wild*" schlagartig gebessert? Bei mir hat das noch nie funktioniert. Seine Stimmung durch Gedanken umzukehren oder zu beeinflussen ist extrem schwierig und gelingt nur selten. In den meisten Fällen ist es dementsprechend einfacher sein Handeln zu verändern und dadurch seine Stimmung zu heben. Kleine Erfolgserlebnisse können sich schon

sehr positiv auf den Gemütszustand auswirken.
Statt also durch positives Denken sein Handeln zu
beeinflussen, solltest du durch positive Handlungen deine Stimmung beeinflussen. Du musst beginnen dir einen besseren Umgang mit Finanzen
anzutrainieren, um diesen Teufelskreis zu durchbrechen. Doch um das zu schaffen brauchst du
ein einfaches System. Je einfacher das System
ist, desto höher ist die Wahrscheinlichkeit, dass
man es erfolgreich umgesetzt. Genau so ein System wirst du in diesem Buch kennenlernen. Ich
werde dir hier eine Schritt-für-Schritt Anleitung
an die Hand geben, mit der du deine Finanzen in
den Griff bekommst und ein finanziell sorgloses
Leben führen wirst.

1.5 Zusammenfassung

- Du musst deinen finanziellen Erfolg selbst in die Hand nehmen.

- Negative finanzielle Glaubenssätze stimmen meistens nicht und lassen sich ändern.

- Meistens gibt es nicht die eine Ursache, die zu Geldproblemen führt, sondern viele, die voneinander abhängen.

- Mehr Geld ist nie die Lösung von finanziellen Problemen.

- Das Umfeld kann großen Einfluss auf den Umgang mit Finanzen haben.

- Spontankäufe und schlechte Angewohnheiten können einen dramatischen Effekt auf die Finanzen haben.

- Durch eine mangelnde finanzielle Übersicht werden finanzielle Fehlentscheidungen gefördert.

- Finanzielle Sorgen haben einen Einfluss auf die mentale Gesundheit. Diese hat wiederum einen negativen Einfluss auf die Finanzen. Es ist ein Teufelskreis.

- Durch ein einfaches System schafft man es leichter aus den finanziellen Sorgen heraus.

KAPITEL 2

Bestandsaufnahme

Kapitelübersicht

Der erste Schritt deine Finanzen in den Griff zu bekommen, ist sie aufzulisten. Darum wirst du dir im ersten Schritt einen groben Überblick über deine Finanzen machen und deine ganz persönliche Bestandsaufnahme durchführen. Dazu wirst du dir die Kategorien Einnahmen, Ausgaben, Schulden und Rücklagen ansehen. Am Ende sollte sich dann herausstellen, ob du eigentlich mit deinen Finanzen auskommen solltest oder nicht. Das ist die Frage, die wir in nun klären wollen.

2.1 Warum eine Bestandsaufnahme

Sich zum ersten Mal wirklich Gedanken über seine Finanzen zu machen kann zeitaufwendig sein. Man übersieht leicht kleinere Ausgaben oder hat keine klare Vorstellung von den genauen Kosten. Oder weißt du jetzt gerade auf den Euro genau, wie viel du monatlich für Lebensmittel ausgibst? Wenn ich das nicht jeden Monat genau ausrechnen würde, wüsste ich das aus dem Stegreif auch nicht. Genau das ist das Ziel dieser Übung: du solltest nicht mehr raten müssen, sondern es genau wissen! Indem du deine Bestandsaufnahme durchführst wirst du dazu in der Lage sein.

Wenn du deine Finanzen jemals in den Griff bekommen möchtest, dann ist es unglaublich wichtig, dass du ehrlich zu dir selber bist. Es nützt dir gar nichts wenn du Zahlen hinzudichtest, schön redest oder großzügig rundest. Sei also brutal ehrlich, selbst wenn es nicht so rosig aussehen sollte. Um aber an deinen Finanzen arbeiten und Probleme identifizieren zu können, musst du sie ehrlich und genau festhalten.

2.2 Deine Bestandsaufnahme

Um eine klare Übersicht über deine aktuelle finanzielle Situation zu bekommen, ist es wichtig dir deine Einnahmen und Ausgaben im Detail anzuschauen. Dazu gehören sowohl deine fixen als auch deine variablen Anteile. Je genauer du dabei bist, desto einfacher werden die folgenden Schritte sein. Nimm dir also so viel Zeit, wie du brauchst. Wenn dir nachher, morgen oder sogar nächste Woche noch etwas einfällt, dann schreib es einfach noch mit auf die Liste. Die nächste Bestandsaufnahme, wird dadurch um so genauer werden. Um mit deiner Bestandsaufnahme beginnen zu können, brauchst du erst mal nicht viel mehr als drei Blätter und einen Stift zum Schreiben. Am besten bereitest du das kurz vor, damit du gleich direkt loslegen kannst.

2.3 Einnahmen

Fange zuerst mit den Einnahmen an. Nimm dir das erste Blatt und schreibe das Wort „*Einnahmen*" als Überschrift drauf. Teile das Blatt danach mit einem Strich in zwei Hälften und schreibe in die linke Spalte „*Fix*" und in die rechte „*Variabel*". Am Ende sollte es ungefähr so aussehen.

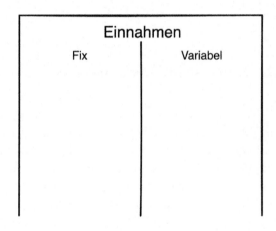

Abbildung 2.1: Übersicht der Einnahmen vor dem Füllen.

Die Liste ist somit in zwei Kategorien aufgeteilt, nämlich in fixe und variable Einnahmen. Jetzt kannst du anfangen deine Einnahmen einzutragen. In die linke Spalte trägst du Einnahmen ein, die dir monatlich denselben Betrag einbringen. Das wären zum Beispiel dein Gehalt, deine Rente, deine Ausbildungsvergütung oder dein BAföG. Vermutlich wirst du, so wie die meisten, nur eine einzige fixe Einnahmequelle haben. Die linke Seite wird also ziemlich leer aussehen.

Falls du Einkünfte beziehst, die zwar in der Höhe variieren aber dennoch regelmäßig eintreten, dann kannst du sie in die rechte Spalte für variable Einnahmen eintragen. Ich meine damit nicht das Weihnachts- oder Urlaubsgeld, welches du einmal in Jahr bekommst, sondern Einnahmen die jeden Monat eingenommen werden. Beispiele hierfür wären Einkünfte aus dem Verkauf von gebrauchten Büchern auf dem Flohmarkt. Oder Einnahmen aus einem Online Shop den du nebenberuflich betreibst. Um einen Betrag für die Liste zu ermitteln berechnest du einfach den Mittelwert. Dieser ist zwar nicht für jeden Monat genau, aber es reicht für eine Übersicht vollkommen aus. Dazu summierst du deine Einnahmen der letzten Monate und teilst dann den Betrag durch die Anzahl der Monate. Dies könnte folgendermaßen aussehen:

Monat	Einkünfte
1. Monat	100
2. Monat	210
3. Monat	130
4. Monat	290
5. Monat	350
6. Monat	140
7. Monat	180
8. Monat	170
9. Monat	230
10. Monat	270
11. Monat	200
12. Monat	130
Summe	2400
Durchschnitt	200

Tabelle 2.1: Variable Einkünfte der letzten 12 Monate.

In dieser Tabelle sind beispielhaft variable Nettoeinkünfte für 12 Monate, die Gesamtsumme und der errechnete Mittelwert von 200 Euro eingetragen. Den errechneten Mittelwert kannst du dann in deine Bestandsaufnahme eintragen. Diese sähe dann folgendermaßen aus:

Einnahmen

Fix		Variabel	
Gehalt	1800	Flohmarkt	200

Abbildung 2.2: Übersicht der monatlichen Einnahmen.

Damit bist du mit der Bestandsaufnahme für deine Einnahmen fertig und kannst dir nun deine Ausgaben anschauen.

2.4 Ausgaben

Um die Bestandsaufnahme für deine Ausgaben vorzubereiten kannst du genau so wie bei den Einnahmen vorgehen. Du benötigst auch hier wieder zwei Spalten auf einem Blatt die jeweils für deine fixen und deine variablen Ausgaben stehen. Wenn du die Liste vorbereitet hast könnte das in etwa so aussehen:

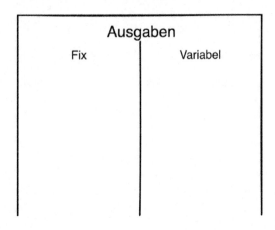

Abbildung 2.3: Übersicht der Ausgaben vor dem Füllen.

Die Ausgaben richtig und vor allen Dingen komplett aufzulisten kann einiges an Zeit kosten. Nimm dir dafür also so viel Zeit du brauchst und denke ganz in Ruhe nach. Wenn du das noch nie gemacht hast wirst du im ersten Durchgang sicherlich Einiges vergessen. Davon darfst du dich aber nicht entmutigen lassen. Ich habe Monate gebraucht, bis ich meine Ausgaben vollständig und meine Summen einigermaßen korrekt aufgelistet hatte. Allerdings hatte ich auch niemanden der es mir gezeigt hat. Bei dir wird es also bestimmt schneller gehen. Als kleiner Denkanstoß habe ich dir hier eine Reihe an fixen Ausgaben aufgelistet, mit denen du anfangen kannst, die linke Spalte auszufüllen.

Haus / Wohnung
Miete, Kredit, Nebenkosten, Strom, Wasser, Gas,
Internet, GEZ

Auto
Kfz Steuer, TÜV

Versicherungen
Private Haftpflicht, Hausrat, Wohngebäude,
KFZ, Glas, Zahnzusatz, Rechtsschutz, Brille

Altersvorsorge
Vermögenswirksame Leistungen, Betriebliche Altersvorsorge, Lebensversicherung, Aktiensparplan

Haustiere
Versicherungen, Steuern

Abos / Hobbies
Handy, Streaming Dienste, Fitnessstudio, Sportverein, eigene Homepage

Gebühren
Kontoführung, Kreditkarte

Diese Liste ist bestimmt nicht vollständig, jedoch sollte sie dir einen groben Überblick geben, woran du alles denken musst. Wahrscheinlich wird dies schon über 90 Prozent deiner fixen Ausgaben abdecken. Denk aber selbst noch mal in Ruhe nach, dann fällt dir sicherlich noch die ein oder andere Ausgabe ein, die ich hier nicht aufgeführt habe. Du musst auch beachten, dass es einige Ausgaben gibt, die zwar regelmäßig aber nicht monatlich gezahlt werden. Deine GEZ Gebühren bezahlst du beispielsweise nur ein Mal im Quartal. Berechne für solche Ausgaben einfach den monatlichen Wert und trage diesen dann in deine Liste ein. Genau so verfährst du auch mit Steuern, die du beispielsweise nur ein Mal im Jahr bezahlen musst. Auch hier nimmst du den Betrag und teilst ihn durch zwölf um den monatlichen Betrag zu erhalten. Diesen schreibst du dann in die Liste. Dadurch, dass du auch die Kosten mit einbeziehst, die zwar regelmäßig jedoch nicht monatlich bezahlt werden müssen, bekommst du ein wesentlich genaueres Bild über deine allgemeinen Ausgaben. Dadurch wirst du viel genauer wissen, was du im Monat eigentlich an Kosten hast.

Damit bist du mit deinen fixen Ausgaben fertig und kannst dich nun den variablen Ausgaben zuwenden. Genau so wie bei den variablen Einnahmen ist es auch hier nicht ausschlaggebend einen auf den Cent genauen Betrag einzutragen.

Wesentlich wichtiger ist es, so viele variablen Kosten aufzuzählen wie möglich und für diese einen guten Mittelwert zu berechnen. Auch hier habe ich dir eine erste Übersicht erstellt.

Lebensmittel
Nahrungsmittel, Zigaretten, Medizin

Auto
Benzin, Reparaturen

Haustiere
Futter, Pflege, Tierarztbesuche

Mittagessen
Kantine, Imbissbude, Bäckerei, Cappuccino

Spaß
Essen gehen, Kino, Feiern, Eis essen

Geschenke
Geburtstage, Blumensträuße, Weihnachten

Klamotten
Schuhe, Hosen, Pullover, Unterwäsche

Hobbies
Erweiterung einer Sammlung, Eintrittspreise

37

Sobald du damit fertig bist, könnte das Ganze bei dir ungefähr so aussehen wie in dieser Abbildung.

Ausgaben			
Fix		**Variabel**	
Miete	600	Einkaufen	300
Nebenkosten	150	Tanken	150
Strom	80		
Internet	35		
Handy	55		
KFZ Steuer	13		
...			

Abbildung 2.4: Übersicht der monatlichen Ausgaben.

2.5 Schulden

Falls du, aus welchen Gründen auch immer, Schulden haben solltest, dann müssen diese ebenso in deine Bestandsaufnahme aufgenommen werden. Falls du keine Schulden hast, dann erstelle trotzdem die Tabelle dafür. Du wirst gleich sehen warum. Nimm also wieder ein Blatt und teile es direkt in zwei Kategorien ein. Auf die linke Seite schreibst du dann diesmal als Überschrift „*Schul-*

den". Die rechte Seite bleibt für später erst mal leer.

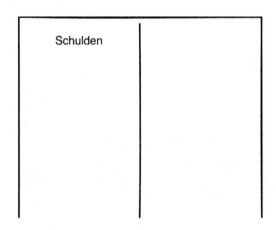

Abbildung 2.5: Vorbereitung der Auflistung der Schulden.

Nun ist es an der Zeit über seine Schulden zu sprechen. Alleine darüber nachzudenken ist vermutlich schon schwierig für dich. Ich kenne niemanden, der wirklich gerne über seine Schulden spricht. Falls du welche aufgebaut haben solltest, oder dir einfach nur Geld bei einem Freund oder Verwandten geliehen hast, dann ist das meistens ein Thema über das man nicht gerne spricht. Lass den Kopf aber nicht hängen. Um deine Finanzen in den Griff zu bekommen sind Schulden, bzw. der Abbau davon, aber ein zentrales und wichtiges Thema. Darum ist es auch wichtig sie genau aufzulisten. Wenn du keine Schulden haben solltest, dann beglückwünsche ich dich an dieser Stelle. Du darfst das Eintragen gerne überspringen.

Egal wie klein die Schuld auch sein mag, du solltest sie hier auflisten. Selbst wenn du einem Kollegen nur 5 Euro für das Mittagessen gestern schuldest, oder eine Rechnung über 15 Euro für das Falschparken begleichen musst. Kleine Beträge summieren sich schnell auf und können dann einiges ausmachen. Die großen Schulden darfst du ebenfalls nicht vergessen. Stell dir mal folgendes Szenario vor: Du hast dir online einen Kühlschrank gekauft als deiner kaputt gegangen ist. Weil du zu diesem Zeitpunkt nicht genügend Geld hattest, hast du ihn erstmal auf Rechnung bestellt um ihn später zu bezahlen. Du hast dir fest vorgenommen am Anfang des kommenden Monats die 300 Euro direkt zu überweisen. Leider ist das bereits vier Monate her und durch Mahngebühren sind mittlerweile schon 360 Euro daraus geworden. Und wenn du diesen Monat nicht endlich die 360 Euro bezahlst werden im nächsten Monat 700 Euro daraus. In deinem Portemonnaie befinden sich allerdings gerade lediglich 50 Euro und davon musst du noch die nächsten 2 Wochen leben. Auch Geld leihen kannst du dir nicht mehr, weil du bereits mehrfach bei deiner Familie oder bei deinen Freunden nachgefragt hast und bei praktisch jedem in der Kreide stehst. Auch wenn dieses Szenario für dich vielleicht zu weit hergeholt klingt, so ist es doch sehr ähnlich in meinem näheren Umfeld passiert. Es war kein Kühlschrank aber ein ähnlich lebenswichtiger Gegenstand. Solche Dinge passieren nur allzu oft wenn man nicht richtig vorsorgt.

Aus diesem Grund solltest du wirklich jede noch so kleine Kleinigkeit in die Liste eintragen. Ich werde dir im Laufe des Buchs noch viele Tipps geben, wie du deine Schulden abbauen kannst. An dieser Stelle ist es allerdings erst mal wichtig sie alle genau aufzulisten.

Schulden	
Parkticket	35
Auto	800

Abbildung 2.6: Übersicht der gesamten Schulden.

Ich kann mir vorstellen, dass das ein schwieriger Schritt für dich gewesen ist. Das war es für mich damals auch. Aber es ist wirklich gut, dass du es hier niedergeschrieben hast. Du wirst dir später im Leben sehr dankbar dafür sein.

2.6 Rücklagen

Falls du Rücklagen besitzen solltest musst du diese ebenfalls auflisten. Dafür habe ich dich weiter oben darum gebeten das DIN A4 Blatt vorzubereiten, selbst wenn du keine Schulden haben solltest. Wenn du das nicht getan hast, dann hole es jetzt nach. Schreibe in die rechte Spalte als Überschrift „*Rücklagen*".

Hier möchte ich nicht, dass du die 5,21 Euro in deinem Portemonnaie als Rücklage auflistet. Falls sich aber 200 Euro auf deinem Sparbuch oder in deinem Sparschwein befinden sollten, dann liste diese auf. Wenn du einen Bausparvertrag besparen solltest, dann kannst du die Sparsumme ebenfalls hier eintragen. Was du auch auflisten könntest sind Gegenstände, die du bereit wärst zu verkaufen. Ich zum Beispiel habe während meines Studiums lange Zeit ein Sammelkartenspiel gespielt. Ich war auch gar nicht mal so schlecht darin und habe sogar auf Turnieren mitgespielt. Über die Jahre hat sich eine ordentliche Sammlung an Karten angehäuft. Diese ha-

be ich dann Stück für Stück verkauft und über
Jahre hinweg in Summe knappe 5000 Euro damit
eingenommen. Alleine damit habe ich mir meinen kompletten Führerschein bezahlt. Besitzt du
ebenfalls irgendwelche Dinge von Wert, die du,
wenn es hart auf hart kommt, bereit wärst zu
verkaufen? Dann liste sie hier ebenfalls auf. Eine
Übersicht von Schulden und Rücklagen könnte so
aussehen:

Schulden		Rücklagen	
Parkticket	35	Sparbuch	200
Auto	800	Magic Karten	5000

Abbildung 2.7: Übersicht von Schulden und
Rücklagen.

Damit wäre der erste Schritt der Bestandsaufnahme gemeistert. Wenn du das zum ersten
Mal gemacht hast, dann war es sicherlich sehr
zeitaufwendig. Der erste Durchgang meiner ersten Bestandsaufnahme hat Stunden gedauert. Da

du eine gute Anleitung an der Hand gehabt hast, ist deine sicherlich wesentlich schneller ausgefüllt gewesen. Für mich war es damals eine der besten Entscheidungen meines Lebens, mir endlich meine Finanzen genau aufzulisten. Für dich wird es ebenfalls so sein.

2.7 Moment der Wahrheit

Zu guter Letzt schauen wir uns nun an, ob du eigentlich mit deinen Finanzen über die Runden kommen solltest oder nicht. Sind deine Einnahmen höher als deine Ausgaben? Oder ist es so, dass du Monat für Monat mehr ausgibst als du einnimmst?

Um dies herauszufinden, rechne alle deine fixen Einnahmen zusammen. Sobald du das getan hast schreibst du die Zahl in die linke Spalte bei den fixen Einnahmen. Das Gleiche machst du für deine variablen Einnahmen. Nun musst du noch deine den Gesamtbetrag berechnen und ihn ganz oben neben die Überschrift schreiben. Das sieht dann folgendermaßen aus:

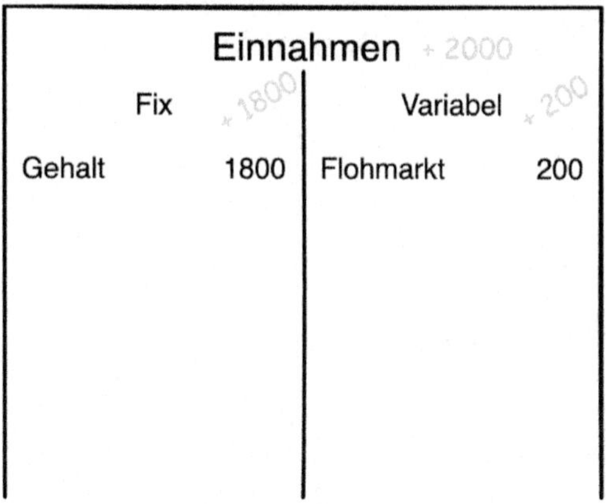

Abbildung 2.8: Summe der fixen und variablen
Einnahmen.

Das Gleiche machst du auch mit den Ausgaben. Das Ergebnis solltest du, ebenso wie bei
den Einnahmen, auch wieder neben die jeweiligen Überschriften schreiben. Mit deinem Schulden und Rücklagen verfährst du genau so. Rechne deine Schulden und Rücklagen jeweils zusammen und schreibe die Ergebnisse oben neben die
Überschriften. Das sieht dann folgendermaßen
aus:

45

Ausgaben - 1630			
Fix - 1180		Variabel - 450	
Miete	600	Einkaufen	300
Nebenkosten	150	Tanken	150
Strom	80		
Internet	35		
Handy	55		
KFZ Steuer	13		
...			

Abbildung 2.9: Summe der fixen und variablen Ausgaben.

Schulden - 835		Rücklagen - 5200	
Parkticket	35	Sparbuch	200
Auto	800	Magic Karten	5000

Abbildung 2.10: Summe der Schulden und Rücklagen.

Und nun die Stunde der Wahrheit. Sind deine Einnahmen höher als deine Ausgaben? Vermutlich werden sie es sein. Jetzt wirst du dich fragen, warum du dennoch nicht mit deinem Geld auskommst. Das kann dann natürlich an vielen Gründen liegen. Einige davon haben wir vielleicht bereits besprochen. Jetzt hast du aber schwarz auf weiß, dass du eigentlich mit deinem Geld auskommen solltest und dass es an dir liegt dein Konsumverhalten zu ändern. Selbst wenn deine Ausgaben größer sein sollten als deine Einnahmen solltest du den Kopf nicht in den Sand stecken. Im weiteren Verlauf des Buchs werde ich dir eine ganze Menge guter Tipps geben, mit welchen du es schaffen wirst deine Ausgaben so zu reduzieren, dass du mit deinen Einnahmen auskommst. Egal wie es für dich gerade aussieht: Du wirst es mit Hilfe dieses Buches schaffen deine Finanzen in den Griff zu bekommen.

2.8 Routine

Die Bestandsaufnahme gibt dir einen sehr guten Einblick in deine aktuelle Finanzsituation. Zwar hast du einige Werte nur geschätzt. Aber vermutlich wirst du dich nicht um einige 100 Euro verschätzt haben. Wenn du hier und da mal 20 Euro zu viel oder zu wenig geschätzt hast ist es für das erste Mal absolut in Ordnung. Al-

47

lerdings möchtest du deine Finanzen wirklich in den Griff bekommen. Dafür ist es enorm wichtig Routinen zu entwickeln, die dir dabei helfen deine Einnahmen und Ausgaben zu kontrollieren. Die Bestandsaufnahme ist ein fantastisches Werkzeug genau dies zu tun. Deine Einnahmen werden sich sicherlich mal ändern. Du bekommst vielleicht mal eine Gehaltserhöhung, wodurch dein Gehalt um ein paar Prozent ansteigt. Oder du wechselst sogar deinen Job und bekommst eine ganze Gehaltsstufe mehr Geld. Es kann aber auch sein, dass sich die Steuern erhöhen und du nun sogar ein bisschen weniger Netto vom Brutto hast. Aber auch deine Ausgaben werden schwanken. Es wird Monate geben, in denen du ein wenig mehr ausgibst als in anderen. Alle diese Änderungen sollten also auch in deine Bestandsaufnahme einfließen.

Wie du siehst ist es äußerst sinnvoll, dass du deine Bestandsaufnahme nicht nur einmalig, sondern regelmäßig durchführst. Ein einziges Mal reicht leider nicht aus, um seine Finanzen langfristig im Blick zu haben. Ich persönlich führe mindestens ein mal im Quartal eine Bestandsaufnahme durch. Obwohl ich das schon seit einigen Jahren mache, bin ich dennoch erstaunt, wie viel sich im Laufe der Zeit ändert. Ich würde dir sogar empfehlen deine Bestandsaufnahme jeden Monat durchzuführen. Gerade am Anfang ist es enorm wichtig sie regelmäßig zu machen. Trage dir für die nächsten zwölf Monate jeweils einen Termin in deinen Kalender ein, an dem du deine Bestandsaufnahme durchführst. Dann sind sie für ein Jahr fix in deinem Kalender eingeplant. Das hilft dir dabei die Termine auch wirklich umzusetzen. Wenn du nach einem Jahr auf deine erste Bestandsaufnahme schaust, wirst du dich wundern, wie viel genauer deine Einnahmen und Ausgaben geworden sind. Wenn du ein Jahr später auch bereits einige Tipps und Tricks aus diesem Buch anwendest, wirst du richtig stolz auf dich sein. Es wird sich auch in deiner Bestandsaufnahme wiederspiegeln wie gut du dann mit deinem Geld wirtschaften wirst.

Das Durchführen muss auch kein langweiliger Prozess sein. Ich zelebriere das sogar richtig. Das Datum ist für mich immer der erste Sonntag im Quartal. Ich mache mir eine Tasse von meinem Lieblingstee und setze mich ins Wohnzimmer. Ich höre dabei auch immer Musik, weil ich mich damit besser entspannen kann. Meistens habe ich auch eine Tafel Schokolade dabei. Es soll ja schließlich ein Erlebnis für alle Sinne sein.

2.9   Zusammenfassung

- Die Bestandsaufnahme ist der erste Schritt deine Finanzen in den Griff zu bekommen.

- Durch die Bestandsaufnahme bekommst du eine Gesamtübersicht über deine Finanzen.

- Es werden die fixen und variablen Einnahmen und Ausgaben, sowie die Schulden und die Rücklagen zusammengefasst.

- Das Durchführen der Bestandsaufnahme besteht aus folgenden Schritten:

  - Variable und fixe Einnahmen auflisten.

  - Variable und fixe Ausgaben auflisten.

  - Schulden und Rücklagen auflisten.

  - Einnahmen, Ausgaben, Schulden und Rücklagen zusammenrechnen.

  - Einnahmen und Ausgaben untereinander vergleichen.

- Diesen Prozess mindestens ein Mal im Quartal durchführen, um seine Finanzen regelmäßig zu überprüfen.

- Am Anfang ist es sogar besser die Bestandsaufnahme monatlich durchzuführen.

KAPITEL 3

Dein Haushaltsbuch

Kapitelübersicht

Im letzten Kapitel hast du während deiner Bestandsaufnahme deine variablen Einnahmen und Ausgaben aufgezählt. Vermutlich hast du für manche dieser Einträge gar keine genauen Werte nennen können und hast eher raten müssen. Zum Beispiel wenn dich jemand nach deinen monatlichen Ausgaben für deine Einkäufe fragt. Damit du in Zukunft jedoch einen genauen Überblick über deine Finanzen haben wirst werde ich dir den logischen nächsten Schritt zur Bestandsaufnahme zeigen: Dein Haushaltsbuch.

Als Erstes werde ich dir erklären was ein Haushaltsbuch überhaupt ist und warum wirklich jeder eins führen sollte. Danach zeige ich dir, wie du dein eigenes erstellst und worauf es beim Eintragen ankommt. Am Ende wirst du noch einen Abgleich mit deiner Bestandsaufnahme machen. Du wirst feststellen warum ein Haushaltsbuch so wichtig für den Überblick über deine Finanzen ist.

3.1   Was ist ein Haushaltsbuch

Eigentlich ist es ganz simpel: Ein Haushaltsbuch hilft dir dabei deine Finanzen im Überblick zu behalten. Oder genauer ausgedrückt deine Einnahmen und Ausgaben regelmäßig und transparent zu kontrollieren. In der Bestandsaufnahme hast du einige Werte, wie beispielsweise den Betrag deiner monatlichen Einkäufe, nur geschätzt. In deinem Haushaltsbuch würdest du jeden einzelnen Einkauf eintragen und somit am Ende des Monats bis auf den Cent genau wissen, was du in der Summe für deine Einkäufe ausgegeben hast.

3.2 Warum ein Haushaltsbuch

Ich habe dir bereits erklärt, warum es so wichtig ist deine Bestandsaufnahme regelmäßig durchzuführen und nicht mit denselben Zahlen für die nächsten Jahre zu planen. Damit deine Bestandsaufnahme über die Zeit genauer wird, müssen deine eingetragenen Werte genauer werden. Ansonsten wird es immer ein Ratespiel bleiben. Um deine Finanzen genau im Überblick zu haben reicht es also nicht aus „ca. 300 Euro" fürs Einkaufen und „ca. 150 Euro" fürs Tanken einzuplanen. Hinzu kommt, dass sich insbesondere deine variablen Ausgaben über die Zeit stark verändern werden. Du musst in deinen Finanzen berücksichtigen, wenn der Benzinpreis steigt, oder wenn durch die Inflation deine Einkäufe teurer werden. Deine Umgebung ändert sich stetig und du musst deine Finanzen ebenso stetig daran anpassen. Und genau hier kommt das Haushaltsbuch ins Spiel. Indem du deine variablen Einnahmen und Ausgaben regelmäßig dort einträgst, hilft es dir deine Einnahmen und Ausgaben auch genau im Blick zu behalten.

Es hilft dir ebenfalls deine Ausgaben zu budgetieren. Angenommen du hast für deine Einkäufe ein monatliches Budget von 250 Euro zur Verfügung. Wenn du aber in der Mitte des Monats schon 180 Euro ausgegeben hast, dann würdest du sofort merken, dass du bis zum Ende des Monats sparen musst. Wenn du deine Ausgaben regelmäßig einträgst, dann wird dir das Haushaltsbuch dabei helfen dein Budget einzuhalten. Du wirst ein unglaublich schlechtes Gewissen bekommen, wenn du bei einem festgelegten Budget von 250 Euro schon den dritten Monat in Folge 300 Euro ausgegeben hast. Das Haushaltsbuch ist eine fantastische Kontrollfunktion, um sich selbst zu disziplinieren.

Ein weiterer großer Vorteil eines Haushaltsbuchs ist, dass du genau sehen kannst wofür du dein Geld ausgibst. Natürlich musst du deine Ausgaben auch ehrlich und genau eintragen. Wenn du dir das dritte Mal im Monat Pizza bestellst und es gar nicht oder einfach unter „*Einkaufen*" einträgst, dann betrügst du dich letzten Endes nur selbst. Du musst schon ehrlich zu dir selbst sein, damit dein Haushaltsbuch wirklich seinen Zweck erfüllt. Gehen wir aber davon aus du trägst deine Ausgaben korrekt ein. In diesem Fall würdest du am Ende des Monats sehen, dass du dir drei Mal eine Pizza bestellt hast. In der Regel bestellst du eine Pizza, weil du gerade im Moment zu faul bist zu kochen. Allerdings ist das Bestellen selbstverständlich wesentlich teurer als sich selbst in die Küche zu stellen. Am Ende des Monats hättest du also schwarz auf weiß was dich deine Faulheit gekostet hat. Es ist allerdings gar nicht so negativ wie ich es hier darstelle. Anhand dessen siehst du nämlich auch genau die Dinge, an denen du in der Zukunft sparen kannst. Behandle diese unnötigen Ausgaben also auch immer als eine Art Zeichen für Einsparpotenzial. Ein sauber geführtes Haushaltsbuch zeigt dir also sehr detailliert, wofür du dein Geld ausgibst und was für Einsparmöglichkeiten du hast.

3.3 Wie führt man ein Haushaltsbuch

Sicherlich hast du dir schon die Frage gestellt, wie so ein Haushaltsbuch aussehen kann. Ich persönlich pflege schon seit einigen Jahren eine Exceltabelle. Die ist über die Zeit immer besser und genauer geworden. Aber angefangen habe ich ganz klassisch mit einem Notizbuch. Ich gebe dir den Tipp zu Anfang auch mit einem kleinen Büchlein zu starten. Investiere die paar Euro in ein kleines, kariertes DIN A5 Buch. Das kannst du in fast jedem 1€ Shop kaufen. Um Ordnung und Sauberkeit sollte es beim Führen eines Haushaltsbuchs ebenfalls gehen. Suche dir deswegen eins aus, in welchem du ordentlich schreiben kannst. Ich persönliche bevorzuge ein kariertes, weil ich darin schreiben kann, als in einem linierten Buch. Mir hat es jedenfalls immer dabei geholfen, meine Ausgaben sauber und ordentlich aufzulisten. Wenn du Ordnung in deine Finanzen bringen möchtest, dann trägt ein ordentlich geführtes Haushaltsbuch stark dazu bei.

Wenn du dieses Buch nun hast, kannst du direkt auf der ersten Seite oben in der Mitte den Namen des kommenden Monats und das Wort „*Ausgaben*" eintragen. In meinem Fall macht es keinen Sinn meine Einnahmen aufzuschreiben. Da ich ein normales Gehalt bekomme und keine weiteren Einnahmequellen habe, bleiben meine Einnahmen über einen langen Zeitraum stetig. Es würde also keinen Sinn ergeben Monat für Monat den selben Betrag auf eine Seite zu schreiben. Für dich kann das natürlich ganz anders sein. Wenn du ungeregeltes Einkommen beziehst, dann solltest du deine Einnahmen und deine Ausgaben hier auflisten. Dafür schreibst du auf einer gesonderten Seite den Namen des kommenden Monats und das Wort „*Einnahmen*". Damit bist du eigentlich schon startklar, um dein Haushaltsbuch mit Einnahmen und Ausgaben zu befüllen.

Sobald du Geld ausgibst, trägst du den Namen und den Betrag auf die Seite des entsprechenden Monats ein. Zum Beispiel „*Einkaufen 56€*". Es reicht, wenn du deine Ausgaben in Kategorien einteilst und diese hier aufführst. Es muss nicht unbedingt „*Einkaufen Lebensmittel, Duschgel und Katzenfutter*" sein. „*Einkaufen*" reicht als Kategorie an der Stelle vollkommen aus. Ebenso wie „*Tanken*", „*Weiterbildung*", „*Hobby*" oder „*Spaß*". Unter Spaß verstehe ich zum Beispiel Kinobesuche, Eis von der Eisdiele oder einen Tag im Freizeitpark. Eben Dinge, die einem Spaß bringen. Wo ich allerdings eine eigene Kategorie nehmen würde, wären Ausgaben für bestelltes bzw. generell nicht selbst gekochtes Essen. Also auch, wenn du dir am Bahnhof ein Brötchen gönnst oder Sonntags ein Stück Kuchen zum Kaffee beim Konditor kaufst. Das liegt daran, dass diese Essensbestellungen häufig ein großer Geldfresser sind. Darum solltest du sie gesondert aufführen und nicht unter „*Einkaufen*" mit verrechnen. Es würde sich die Kategorie „*Essen auswärts*" anbieten. Vielleicht fallen dir ebenfalls Kategorien ein, die du für dich gesondert betrachten möchtest. Ich habe immer Geld für verschiedene Hobbys ausgegeben. Diese waren unterschiedlich teuer und manche davon haben mich auch wirklich einiges an Geld gekostet. Beispielsweise war für mich immer besonders interessant

wie viel ich momatlich für mein Sammelkartenspiel ausgegeben habe. Deswegen hatte ich immer eine Kategorie „Sammelkarten". Denk mal
darüber nach, ob du gewisse Ausgaben in eigene Kategorien festhalten möchtest, um sie ganz
gezielt betrachten zu können.

Wenn du am Ende des Monats alle deine Ausgaben in dein Haushaltsbuch eingetragen hast,
dann solltest du am Ende pro Kategorie eine
Art Übersicht über die Ausgaben erstellen. Was
du letztes Endes haben möchtest sind die Summe jeder einzelnen Kategorie. Dazu musst du die
einzelnen Beträge zusammenrechnen. Das kann
selbstverständlich etwas unübersichtlich werden,
wenn du wirklich konsequent jede Ausgabe untereinander in dein Haushaltsbuch eingetragen hast.
Damit du die jeweiligen Ausgaben, die zu einer
Kategorie gehören, einfacher zusammenrechnen
kannst, lohnt es sich eine Art Marker neben deine
Ausgaben im Haushaltsbuch zu setzen. Ich habe
es so gemacht, dass ich für jede Kategorie eine
andere Farbe genommen habe und kleine Punkte neben jede Ausgabe dieser Kategorie gemalt
habe. Beispielsweise könntest du links neben jede
Ausgabe für deine Einkäufe einen kleinen roten
Punkt machen. Dann zählst du die Beträge zusammen und schreibst unten auf derselben Seite
„Einkäufe", machst einen roten Punkt links daneben und schreibst die Summe rechts daneben.

58

Als Nächstes nimmst du dir einen grünen Stift und verfährst mit allen Ausgaben für das Tanken genau so. Das machst du so lange, bis du alle Kategorien durch hast. Am Ende sieht das dann ungefähr so aus:

Mai

○ Einkaufen 66	○ Einkaufen 25
○ Tanken 56	○ Tanken 45
○ Kino 13	○ Essen bestellt 9
○ Brötchen 2,30	○ Einkaufen 70
○ Einkaufen 51	
○ Einkaufen 13	

○ Einkaufen	226
○ Tanken	101
○ Spaß	13
○ Essen draußen	11

Abbildung 3.1: Monatliche Ausgaben eingetragen im Haushaltsbuch.

Eine weitere Möglichkeit wäre auch, die Seite wie eine Art Tabelle für jede einzelne Kategorie aufzuteilen. Dann bräuchtest du nur noch die einzelnen Beträge in die jeweilige Kategorie einzutragen. Wenn du wenige Kategorien hast, dann kann dies übersichtlicher sein. Bei zehn oder mehr wird es schon schwieriger. Dann musst du sie alle auf eine kleine Seite quetschen, was das Ganze eher unübersichtlich machen würde. Auf dem Bild kannst du dir anschauen wie eine tabellarische Auflistung aussehen könnte:

Mai	
○ Einkaufen 66, 51, 13, 25, 70	○ Essen bestellt 2,30, 9
○ Tanken 56, 45	○ Spaß 13
○ Einkaufen 226 ○ Tanken 101 ○ Spaß 13 ○ Essen draußen 11	

Abbildung 3.2: Monatliche Ausgaben in tabellarischer Darstellung. Eingetragen im Haushaltsbuch.

Die Hauptsache ist, dass du es schaffst, deine variablen Ausgaben möglichst einfach zusammen zu fassen und irgendwo hinzuschreiben, wo du sie einfach und schnell wieder findest. Du wirst den Gesamtbetrag nämlich am Ende jeden Monats für eine Gesamtübersicht benötigen.

3.4 Abgleich mit der Bestandsaufnahme

Die Bestandsaufnahme und das Haushaltsbuch gehen Hand in Hand. Du solltest weder darauf verzichten, die Bestandsaufnahme regelmäßig durchzuführen, noch dein Haushaltsbuch zu pflegen. Beides muss regelmäßig geführt werden wenn du deine Finanzen wirklich in den Griff bekommen möchtest. Sobald du mithilfe des Haushaltsbuchs deine variablen Einnahmen und Ausgaben ein paar Monate lang aufgenommen hast, ist es an der Zeit die daraus gewonnen Erkenntnisse in deine Bestandsaufnahme aufzunehmen. Dazu musst du zunächst die Mittelwerte über deine monatlichen Ausgaben hinweg berechnen. Schauen wir uns beispielhaft deine Einkäufe an. Angenommen du hättest in den ersten drei Monaten 226 Euro, 308 Euro und 279 Euro für deine Einkäufe ausgegeben. Dann wären dies in der Summe 817 Euro, was einem Mittelwert von 271 Euro entspricht.

61

Monat	Ausgaben
1. Monat	226
2. Monat	308
3. Monat	279
Summe	813
Durchschnitt	271

Tabelle 3.1: Ausgaben für Einkäufe in drei Monaten.

Führe diese Rechnung nun für jede deiner Kategorien durch. Sobald du die Mittelwerte für jede Kategorie bestimmt hast nimmst du dir am besten noch mal 20 Minuten Zeit und füllst nochmal eine Bestandsaufnahme aus. In dieser verwendest du aber diesmal die Mittelwerte die du gerade pro Kategorie ausgerechnet hast. Dadurch bekommst du wesentlich genauere Werte für deine variablen Einnahmen und Ausgaben als noch bei deiner ersten Bestandsaufnahme. Hierbei ist es besonders wichtig, dass du auch die Endsummen wieder oben neben die Überschriften einträgst. Dadurch kannst du auf einen Blick sehen, ob du im Vergleich zur letzten Bestandsaufnahme besser oder schlechter geworden bist. Wenn du besser geworden bist, dann feiere dies ruhig mit einem Stück Kuchen, oder einem leckeren Eis aus der Eisdiele. Du hast es dir auf jeden Fall verdient!

Je häufiger du eine Bestandsaufnahme durchführst und je mehr Monate du durch dein Haushaltsbuch in deine Mittelwerte einbeziehst, desto genauer werden auf lange Sicht auch deine Ergebnisse. Natürlich gibt es Monate, wie beispielsweise den Dezember mit Weihnachten und Silvester, die tendenziell etwas teurer sind. Aber es wird auch Monate geben, in denen du weniger Geld ausgibst. Darum ist es auch so wichtig, so viele Monate wie möglich in deine Mittelwertberechnung einfließen zu lassen. Es werden dadurch auch diese Monate berücksichtigt, die teurer oder billiger sind als sonst. Und um dies auch wirklich genau durchführen zu können brauchst du auf jeden Fall ein Haushaltsbuch. Du wirst also aufhören deine Ausgaben zu raten und praktisch auf den Cent genau wissen, wie viel du für deine jeweiligen variablen Ausgaben ausgibst. Das ist wie eine Art Superkraft mit der du anfängst die Kontrolle über deine Finanzen zu übernehmen.

3.5 Zusammenfassung

- Ein Haushaltsbuch ist eine Übersicht in welche du regelmäßig deine variablen Einnahmen und Ausgaben einträgst.

- Wenn du dir ein bestimmtes Budget für deine Ausgaben vorgibst, wird dir das Haushaltsbuch dabei helfen sie einzuhalten. Du wirst jederzeit Wissen, wie viel von diesem Budget noch übrig ist.

- Es hilft dir dabei genaue Werte für deine Bestandsaufnahme zu errechnen.

- Du wirst immer genau wissen wofür du dein Geld ausgibst.

- Das Führen des Haushaltsbuchs funktioniert wie folgt:

  - Trage jede Einnahme und Ausgabe sofort in dein Haushaltsbuch ein und teile diese in Kategorien ein.

  - Errechne am Ende des Monats die Summen aller Kategorien.

64

KAPITEL 4

Schuldenfreiheit

Kapitelübersicht

Ich möchte an dieser Stelle dem Thema Schuldenabbau ein ganzes Kapitel schenken, denn Schulden sind häufig der größte Grund, warum Menschen nicht mit ihren Finanzen zurechtkommen. Wenn man sich nicht darum kümmert, werden Schulden immer größer und die Situation aussichtsloser. Darum ist es so enorm wichtig, dass man sich schnellstmöglich darum kümmert sie zu begleichen. Selbstverständlich erkläre ich dir auch, wie du vorgehen kannst, um dies zu schaffen. Nachdem du deine Schulden aufgelistet hast, werde ich dir zeigen, nach welchen Kriterien du sie priorisieren kannst. Danach werde ich dir einen Tipp geben, wie du beim Abbezahlen deiner Schulden darauf achtest genügend Puffer übrig zu lassen.

4.1 Schuldnerberater oder nicht

Eine Sache jedoch vorweg: Das hier ist keine Schuldnerberatung! Ich kann auf keinen Fall eine professionelle Beratung bei einem Schuldnerberater ersetzen. Sein Job ist es Leuten zu helfen die wirklich tief in der Klemme stecken. Ebenso kann ich auch keine juristische Unterstützung geben. Alles was ich machen kann ist, dir wertvolle Tipps zu geben, die in meiner Vergangenheit für mich und für einige Freunde und Verwandte funk-

66

tioniert haben. Falls du aber wirklich hoch verschuldet sein solltest, dann suche dir bitte professionelle Hilfe bei einem Schuldnerberater. In dem Fall ist dies auch wirklich mein einziger Tipp für dich! Doch wo ist hier die Grenze? Ab wann solltest du dir wirklich einen Schuldnerberater suchen? Ich würde dir folgende Punkte vorschlagen:

Du solltest dir einen Schuldnerberater suchen, wenn

- du mehr als zwei Gläubiger hast
- die gesamte Schuldensumme höher als 1000 Euro ist
- du schon länger als ein Jahr in den Schulden bist

4.2   Schulden auflisten

Schulden sind etwas sehr heimtückisches. Wenn du nicht aufpasst bzw. dich nicht um sie kümmerst, dann können sie ganz schnell außer Kontrolle geraten. Wenn du ein Knöllchen für Falschparken nicht bezahlst, werden aus den 25 Euro binnen Wochen mehrere Hundert Euro. Es kommen Bearbeitungsgebühren, Mahngebühren, Anwaltskosten und potentiell noch andere Kosten dazu. Einfach nur, weil du die Kosten nicht rechtzeitig bezahlt hast. Was kannst du also tun, falls es einmal zu so einer Misere gekommen ist? Als

Erstes musst du dir ein Bild darüber machen, wie viele Schulden du genau zu begleichen hast. Falls du die Bestandsaufnahme durchgeführt hast, solltest du dies bereits wissen. Wenn nicht, dann erstelle dir jetzt auf jeden Fall eine genaue Auflistung aller deiner Schulden. Schließlich geht es hier um deine finanzielle Zukunft.

Ich werde jetzt ein Beispiel durchgehen, welches das Ganze etwas anschaulicher macht. Wir hatten weiter oben das Beispiel mit dem Kühlschrank, bei dem die Summe auf 700 Euro angestiegen ist. Das nehme ich nun als meine erste Schuld auf. Die zweite ist eine ganz blöde Sache. Da habe ich falsch geparkt und ein Knöllchen bekommen. Dummerweise habe ich mich nicht darum gekümmert und jetzt muss ich sogar schon 175 Euro bezahlen. Ich denke so ähnlich könnte eine realistische Situation aussehen.

Schulden:

- 700 Euro Kühlschrank

- 175 Euro Falschparken

Gesamtsumme: 875 Euro

Nachdem du deine Schulden komplett aufgelistet hast ist der nächste Schritt dich mit den Gläubigern in Verbindung zu setzen.

4.3   Reden hilft

Deine Gläubiger, also die Menschen denen du
das Geld schuldest, sind meistens froh wenn sie
überhaupt etwas bekommen. In vielen Fällen
muss der Schuldner in Privatinsolvenz gehen, und
die Gläubiger bekommen nichts von ihrem Geld.
Das ist für beide Parteien keine schöne Angele-
genheit. Aufgrund dessen sind Gläubiger häufig
bereit mit sich reden zu lassen. Wenn du sie anrufst und darum bittest die Summe in kleineren
Teilen zurückzahlen zu dürfen, sind in der Regel alle bereit dazu. Bisher habe ich noch kein
einziges Mal erlebt, dass ein Gläubiger bei einem
Telefonat nicht zu einem Deal bereit war. Ich habe sogar schon miterlebt, dass einige Gläubiger
auf Teile der Forderung, beispielsweise die Mahngebühren, komplett verzichtet haben. Ihnen war
wichtig, dass sie ihr Geld zurück bekommen.

Dennoch ist es schwer 700 Euro auf einen
Schlag zurück zu zahlen. Jeden Monat 50 Euro ist
allerdings schon wesentlich einfacher zu handha-
ben. Darum habe ich immer versucht eine Ratenzahlung zu vereinbaren und bisher hat das auch
jedes Mal funktioniert. Wichtig ist nur, dass man
mit den Gläubigern redet. Ich weiß, wie schwierig
diese Gespräche sind. Ich selbst habe schließlich
einige davon für mich selbst und auch für andere
geführt. Es ist aber sehr wichtig, dass du dich der

Sache annimmst und sie nicht einfach links liegen lässt. Sonst wird es nur noch schlimmer.

Nachdem du deine Schulden aufgelistet hast ist der nächste Schritt, dass du alle deine Gläubiger der Reihe nach anrufst. Ihnen teilst du mit, dass du die Summe zwar gerade nicht hast, aber absolut gewillt bist, sie zurück zu zahlen. Frage nach ob eine Ratenzahlung in Frage käme. Nenne hier allerdings noch keine genauen Zahlen. Wenn gefragt wird, welchen Betrag du dir vorstellst, dann antworte einfach, dass du erst mal deine Finanzen durchgehen musst und du dich noch mal meldest. Sag ihnen aber schonmal, dass du lieber kleinere Beträge wünschst, die du auch auf jeden Fall bezahlen kannst. Dadurch wärst du aber sicher die Summe komplett abbezahlen zu können. Dein Gegenüber muss am Telefon das Gefühl bekommen, dass du das Geld wirklich zurückzahlen möchtest.

Nachdem du nun alle abtelefoniert hast, kannst du dir ein erstes Bild davon machen, wie deine Gläubiger reagieren. Es ist sehr wahrscheinlich, dass sie Verständnis zeigen und dankbar sind, dass du dich darum bemühst. Leider kann es aber auch sein, dass sie sauer sind und ihr Geld am liebsten direkt und in voller Summe bis morgen haben wollen. Falls dem so sein sollte, würde ich dir auch wieder raten, mit einem Schuldenberater darüber zu sprechen. In ausnahmslos allen Situationen die ich persönlich mitbekommen habe, sind die Gläubiger aber eher dankbar, dass du dich bei ihnen meldest und bereit dazu, sich in Raten bezahlen zu lassen.

4.4 Priorisieren

Da du nun ein erstes Bild der Situation hast und weißt wie deine Gläubiger drauf sind, kannst du deine Schulden priorisieren. Es kann durchaus sein, dass du nicht sofort in der Lage bist, alle deine Schulden gleichzeitig abzubezahlen. Mit der Priorisierung legst du die Reihenfolge fest, in der du die Schulden abbezahlen möchtest. Wenn eine Schuld höher priorisiert ist, dann solltest du sie möglichst schnell begleichen. Eine Schuld mit niedriger Priorität kann eventuell noch ein bisschen warten. Wichtig ist aber erstmal, dass du deine Schulden in eine Art Reihenfolge bringst. In die Priorisierung fließen folgende drei Faktoren ein.

1. Höhe der Schuld:

Höhere Schuld werden niedriger priorisiert

2. Verhältnis zum Gläubiger:

Verwandte oder Bekannte werden niedriger priorisiert

71

3. Stimmung des Gläubigers:

Gläubiger mit guter Stimmung werden niedriger priorisiert

Höhe der Schuld

Natürlich spielt die Höhe der Schuld eine große Rolle. Wenn du einem Gläubiger 100 Euro schuldest, dann würde ich dies höher priorisieren, als wenn du jemandem 800 Euro schuldest. Die Wahrscheinlichkeit, dass du die 100 Euro schnell abbezahlt bekommst ist relativ hoch. Dann hast du einen Gläubiger und somit eine Sorge weniger. Das ist eine Menge wert.

Verhältnis zum Gläubiger

Der nächste Faktor ist dein Verhältnis zum Gläubiger. Wenn du deinen Gläubiger nicht persönlich kennst, dann würde ich auch hier diese Schuld höher priorisieren. Deinen Eltern oder Geschwistern zu erklären, dass du gerade knapp bei Kasse bist und die Schuld nicht jetzt direkt bezahlen kannst, ist wesentlich einfacher als dem Stromanbieter. Deine Verwandten oder Bekannten sind in der Regel eher dazu bereit erst später bezahlt zu werden als jemand fremdes. Nichtsdestotrotz solltest du aber auch ihnen klar machen, dass sie das Geld auf jeden Fall zurückgezahlt bekommen. Mache ihnen auch klar, dass du noch

72

Schulden bei anderen Parteien hast. Du kannst ihnen auch erklären, dass die Stadt leider nicht so nett ist und ihr Geld gerne schnell zurückgezahlt bekommen möchte.

Stimmung des Gläubigers

Der letzte Punkt der noch in die Priorisierung einspielt ist die Stimmung des Gläubigers. Wenn jemand sehr verärgert ist und sein Geld ganz dringend wieder haben möchte, dann würde ich ihn höher priorisieren. Wenn dir weitere Mahngebühren angedroht werden, wenn du nicht bald zahlst, würde ich das ebenfalls hoch priorisieren. Wenn dir jemand entgegenkommt, freundlich und dankbar dafür ist, dass du dich bei ihm gemeldet hast, dann kannst du diese Schuld niedriger priorisieren.

Um deine Schulden zu priorisieren gehst du deine Auflistung durch und schaust dir für jede Schuld die drei Punkte genau an. Bei mir sähe das so aus: Der Betrag des Parktickets ist kleiner als der des Kühlschranks. Also wird das Parkticket höher priorisiert. Ich bin mit beiden Schuldnern nicht verwandt, also ändert das an der Priorisierung nichts. Nehmen wir an, dass die Stadt das ungezahlte Parkticket lieber gestern als heute bezahlt haben möchte. Beim Telefonat mit dem Online Shop des Kühlschranks ist man jedoch sehr

froh über den Anruf und ist bereit eine Ratenzahlung mit mir zu vereinbaren. Das Parkticket
wird auch durch diesen Punkt höher priorisiert.
Nachdem ich alle Faktoren einbezogen habe sähe
meine Priorisierung folgendermaßen aus:

Priorität von Schulden:

1. Falschparken: 175 Euro
2. Kühlschrank: 700 Euro

In diesem Fall würde ich versuchen das Ticket
für das Falschparken so schnell wie möglich
abzubezahlen. Danach würde ich mich darum
kümmern, dass die Schulden für den Kühlschrank
beglichen werden.

4.5   Rate definieren

Bis jetzt hast du herausgefunden, wie viel Geld du
den einzelnen Parteien schuldest und bist dir im
Klaren darüber geworden, in welcher Reihenfolge du deine Gläubiger abbezahlen möchtest. Nun
musst du dir Gedanken darüber machen mit welchem Betrag du deine Schulden monatlich abbezahlen kannst.

Bei der Höhe der Rate musst du jedoch auf-
passen, wie viel Geld du einplanst. Ist die Rate zu hoch gewählt kann es leicht passieren, dass

74

du sie nicht regelmäßig zahlen kannst. Das sollte unter keinen Umständen passieren. Angenommen du wählst eine Rate von 300 Euro. Die ersten zwei Monate kannst du die 300 Euro aufbringen, ohne dass etwas dazwischen kommt. Im dritten Monat musst du einen Großeinkauf machen, weil deine Familie über Ostern zu Besuch erscheint und du gerne lecker auftischen möchtest. Durch die vielen Einkäufe die du erledigen musst, kommt durch zusätzliche Fahrerei noch eine Tankfüllung mehr als im letzten Monat hinzu. Und eigentlich wolltest du deinem besten Kumpel noch ein tolles Geburtstagsgeschenk kaufen. Ähnliche Situationen treten häufiger auf als du denkst. Ich war damals mehrfach in Situationen, in denen es finanziell einfach irgendwie nicht passen wollte und ständig irgendwelche Zahlungen anstanden. In genau diesen Monaten ist es unglaublich schwierig, eine so hohe Summe wie 300 Euro aufzubringen. Dann hast du nur die Option deine Gläubiger erneut anzurufen und mit ihnen zu klären, ob eine Verschiebung der Zahlung möglich ist. Oder ob du dieses eine Mal vielleicht nur einen Teilbetrag bezahlen könntest. Es würde auf jeden Fall ein sehr unangenehmes Gespräch werden.

Das Allerwichtigste beim Abbezahlen der Schulden ist, dass die Zahlungen regelmäßig passieren. Mache dir also im Vorfeld bewusst welche Summe du selbst in einem schlechten Monat zurückzahlen könntest. Darum ist mein Tipp die Rate mit der du deine Schulden zurückzahlst nie zu hoch zu wählen. Persönlich habe ich nie mehr als maximal 10 Prozent meiner Einnahmen als Richtwert genommen. Ich wusste, dass ich sogar in einem wirklich miesen Monat mit 90 Prozent meiner Einnahmen auskommen würde. Selbst wenn ich die kommenden Monate auf sämtliche Kinobesuche und Pizzabestellungen verzichten muss. Die Hauptsache ist, dass ich die Rate an den Gläubiger regelmäßig zahlen kann.

Angenommen du hättest ein Nettogehalt von 2000 Euro. Übrigens solltest du dich nicht wundern, wenn im Laufe des Buchs immer wieder die 2000 Euro auftauchen. Ich nehme diese Summe, weil es sehr einfach ist damit zu rechnen. Ebenso ist es ein Einkommen, welches der ein oder andere sicherlich realistisch verdient. Wenn du also zwischen 1800 Euro und 2200 Euro Netto verdienst, dann kannst du dir beim lesen bereits relativ gut vorstellen welche Ergebnisse bei deinen Rechnungen herauskommen werden. Führe aber jede einzelne Rechnung auf jeden Fall auch mit deinen wirklichen Zahlen durch. Immerhin geht es hier um deine Finanzen und nicht um fiktive Rechenbeispiele. Um 10 Prozent deiner Einnahmen zu erhalten multipliziere sie mit 0,1.

2000 Euro * 0,1 = 200 Euro

Von 2000 Euro sind 10 Prozent genau 200 Euro. Du hättest mit 10 Prozent als Maximalwert jeden Monat maximal 200 Euro zur Verfügung um deine Schulden zu begleichen. 200 Euro sind eine Menge Geld, weshalb ich 10 Prozent als absolutes Maximum gewählt habe. Wenn du monatlich keine 10 Prozent aufbringen kannst, dann ist das absolut in Ordnung. Es ist besser weniger zu nehmen und dafür deine Schulden wirklich stetig zurück zu zahlen. Mache aber auf keinen Fall den Fehler und überschätze dich. Angenommen die Summe deiner fixen und variablen Ausgaben würden monatlich um die 1730 Euro betragen. Wenn du nun 200 Euro aufbringst um deine Schulden abzubezahlen würde dir danach noch 70 Euro als Puffer übrig bleiben.

2000 Euro - 1730 Euro - 200 Euro = 70 Euro

Mit einem Puffer von gerade mal 70 Euro könnte ich nachts nicht ruhig schlafen. Das wäre mir wirklich zu unsicher. Es wird schließlich immer mal wieder Monate geben, die teurer sind als andere, weil ungeplante Rechnungen bezahlt werden müssen oder die Benzinpreise steigen. Mit 70 Euro könntest du eine Tankfüllung mehr bezahlen und wärst dann schon fast wieder pleite für den Monat. Daher solltest du dich nie überschätzen mit der Rate. Wähle sie so hoch, dass du sie jeden Monat zu 100 Prozent zurückzahlen kannst und dass dir genügend Puffer übrig bleibt. Wie sähe das mit einer Rate von 100 Euro aus?

2000 Euro - 1730 Euro - 100 Euro = 170 Euro

Mit einer Rate von 100 Euro hättest du am Ende des Monats noch einen Puffer von 170 Euro. Dieser ist fast doppelt so hoch wie deine Rate. In diesem Fall würde ich dir zutrauen, dass du die 100 Euro auch wirklich jeden Monat für den Schuldenabbau aufbringen kannst. Als Faustregel würde ich dir folgendes empfehlen:

Rate-Puffer-Verhältnis

Die Rate mit der du deine Schulden zurückzahlst sollte ungefähr gleich groß zu dem Puffer sein, der am Ende des Monats übrig bleibt.

Um also die passende Rate für dich herauszufinden kannst du eine Tabelle erstellen. Berechne dazu auf einem Zettel verschiedene Prozentsätze deines Einkommens als potentielle Rate. Danach berechnest du auch den Puffer der übrig bleiben würde, wenn du deine kompletten Ausgaben, sowie die errechnete Rate von deinen Nettoeinnahmen abziehst. Als Beispiel nehme ich wieder die 2000 Euro Einnahmen und 1730 Euro Ausgaben. Das sieht dann folgendermaßen aus:

Prozent	Rate	Puffer	Puffer > Rate
10 %	200	70	✗
8 %	160	110	✗
6 %	120	150	✓
4 %	80	190	✓
2 %	40	230	✓

Tabelle 4.1: Auflistung der Raten und des Puffers bei 2000 Euro Einnahmen und Gesamtausgaben von 1730 Euro.

Wie du siehst ist bei einer Rate von knapp 120 Euro dein Puffer höher. Mit einer Rate von 160 Euro ist das nicht mehr der Fall. Dementsprechend sollte deine Rate irgendwo zwischen 120 Euro und 160 Euro liegen damit dein monatlicher Puffer noch hoch genug ist um eventuell auftretende Kosten zu decken. Persönlich würde ich den sichereren Weg bevorzugen und es bei 120 Euro belassen.

4.6 Schulden abbezahlen

Bis hier hin hast du schon einiges geschafft. Du kennst deine komplette Schuldsumme weil du sie genau aufgelistet hast. Du hast dich mit deinen Gläubigern in Verbindung gesetzt und hast deine Schulden untereinander priorisiert. Außerdem hast du eine Rate festgelegt, die du wirklich regelmäßig zurückzahlen kannst. Als nächstes musst du dir überlegen in welcher Art und Weise du das Geld zurückzahlst. Hier gibt es tendenziell zwei Möglichkeiten. Die Erste ist die Ratenzahlung. Die zweite ist seine Schuld mit seinen Rücklagen zu begleichen.

Ratenzahlung

Leider lässt sich hier keine einfache Regel definieren. Ich wünschte, ich könnte dir sagen *„Teil einfach die 120 Euro durch zwei und gib jedem Gläubiger jeden Monat 60 Euro zurück. Das machst du so lange, bis alle Schulden beglichen sind.“* In der Realität funktioniert das leider nicht ganz so einfach. Beim ersten Telefonat mit deinen Gläubigern hast du bereits herausgefunden, dass die Stadt das Parkticket dringend bezahlt haben möchte und es dementsprechend auch als erstes priorisiert. Damit du dies auch zügig hinbekommst könntest du beispielsweise direkt im ersten Monat die 120 Euro komplett nehmen und noch 55 Euro aus deinem Puffer dazu tun. Damit wärst du in der Lage das versäumte Parkticket komplett abzubezahlen. Du könntest aber auch in einem Telefonat versuchen die Stadt davon zu überzeugen, dass du in der ersten Rate 120 Euro zahlst und die fehlenden 55 Euro danach im Monat bezahlst. Beides wären valide Optionen. Sobald du das Parkticket abbezahlt hast, kannst du dich dann voll und ganz auf den Kühlschrank konzentrieren. Telefoniere noch einmal mit allen Parteien und versuche hier eine Regelung zu finden, die für dich und für die Gläubiger funktioniert.

Rückzahlung mit Rücklagen

Während du deine Bestandsaufnahme durchgeführt hast, habe ich dich gebeten deine Rücklagen aufzulisten. Falls du welche haben solltest, dann würde ich dir empfehlen deine Schulden damit zu begleichen. Wenn man sich nicht um seine Schulden kümmert werden sie immer größer. Das ist mit deinen Rücklagen leider nicht so. Darum ist es sinnvoll diese dafür aufzuwenden. Gehen wir davon aus du hast 200 Euro in einem Sparschwein. Dieses Geld ist doch eigentlich perfekt dafür geeignet das Knöllchen zu bezahlen. Auch wenn du sicherlich mit dem Geld viel lieber etwas anderes machen möchtest, so ist es in einer abbezahlten Schuld wesentlich besser aufgehoben. Ich habe dich ebenfalls gebeten Sachwerte in deine Bestandsaufnahme aufzunehmen. In meinem Fall war es ein Sammlkartenspiel. Du hast ganz sicher auch Dinge die zwar nur Staub fangen, aber einiges an Geld wert sind. Du kannst dir überlegen ob du diese nicht verkaufen möchtest, um deine Schulden zu begleichen. Ich würde es auf jeden Fall tun. Lieber bezahle ich das Geld für meine Schulden, als einen Schrank voller Pappkarten zu besitzen. Selbiges gilt auch für Konsolen oder Spiele. Es ist selbstverständlich toll jedes neue Konsolenspiel zu spielen, sobald es rauskommt. Wenn dir aber der Strom abgestellt wird, weil du schon die dritte Mahnung ignoriert hast, dann bringen dir die Spiele überhaupt nichts. Du solltest in so einem Fall überlegen, ob du dich nicht von deinen Spielen trennst und deine Stromrechnung begleichst. Du wirst auf jeden Fall Dinge besitzen von denen du dich in einem Notfall trennen könntest. Ich würde es dir jedenfalls empfehlen.

Jetzt bist du bestens vorbereitet, um dich die kommenden Monate um dich um deine Schulden zu kümmern. Du hast dich entweder dazu entschieden einen Teil deiner Sachwerte zu verkaufen, um deine Schulden zu begleichen oder hast mit deinen Gläubigern eine Rate vereinbart, die du auf jeden Fall zurückzahlen können wirst. Ab dem nächsten Monat ist es deine Aufgabe dies auch in die Tat umzusetzen und deine Schulden zu begleichen.

4.7 Zusammenfassung

- Liste deine Schulden komplett auf.

- Ziehe einen Schuldnerberater zu Rate wenn die Situation für dich wirklich aussichtslos aussieht.

- Telefoniere mit allen Gläubigern um ein Bild über deren Situation und Stimmung zu bekommen.

- Priorisiere deine Schulden anhand dieser Kriterien:

  - Höhe der Schulden

  - Verhältnis zum Gläubiger

  - Stimmung des Gläubigers

- Es gibt zwei Arten seine Schulden zurück zu zahlen. Mit seinen Rücklagen oder über Ratenzahlungen.

- Bei Ratenzahlungen gelten folgende Kriterien:

  - Maximal 10 Prozent deiner Einnahmen.

  - Dein Puffer sollte mindestens genau so groß sein wie deine Rate.

  - Zahle deine Rate immer. Ausnahmslos!

KAPITEL 5

Finanzieller Erfolg

Kapitelübersicht

Dieses Kapitel wird die Grundlage für deinen finanziellen Erfolg liefern. Ich werde dir eine einfache Regel zeigen, mit der du garantiert deine Finanzen in den Griff bekommen wirst. Danach erkläre ich dir ein System, wie du mithilfe von vier Spardosen deine komplette finanzielle Zukunft gestalten kannst. Die folgenden Seiten werden eine Menge Wissen beinhalten.

5.1   Die 70/30 Regel

Ich verrate dir nun den wichtigsten Faktor zum Erfolg auf dem Weg zu deiner finanziellen Sicherheit. Ob du dich an die 70/30 Regel hälst wird letzten Endes darüber entscheiden, ob du deine Finanzen in den Griff bekommst oder nicht. Eigentlich ist die 70/30 Regel ziemlich einfach zu verstehen:

Die 70/30 Regel

70 Prozent zum Leben

30 Prozent zum Sparen

Sie sagt aus, dass deine kompletten monatlichen Ausgaben nicht höher sein dürfen als 70 Prozent deiner monatlichen Einnahmen. Die restlichen 30 Prozent sind dann zum Sparen gedacht. Das wird dir vermutlich gerade absolut unmöglich erscheinen. Vielleicht denkst du gerade ja sogar, dass du überhaupt nur ganz knapp mit deinem Geld über die Runden kommst und jetzt verlange ich von dir, dass du mit 70 Prozent auskommen musst. Was ein Schwachsinn! Und ja, das gleiche habe ich auch gedacht, als ich das erste Mal davon gehört habe. Aber diese eine Regel hat mein ganzes Leben umgekrempelt. Und glaub mir, mit ein paar Änderungen in deinem Leben, wirst du die 70 Prozent erreichen. Es ist natürlich nichts, was du in einer Woche schaffst. Es wird vermutlich eher Monate dauern. Oder sogar ein ganzes Jahr. Aber nach dieser Zeit wirst du ein sorgenfreieres Leben führen und das sollte dir dieses eine Jahr definitiv wert sein. Ich werde dir später aber verraten, wie du nach und nach deine Ausgaben senkst und dadurch auf die 70 Prozent kommst. Ich habe dem Ganzen sogar ein komplettes Kapitel gewidmet, welches vollgepackt ist mit jeder Menge Tipps. Da ist auch auf jeden Fall etwas für dich dabei, sodass du an dein Ziel gelangst.

Damit du nun weißt, wie viel du also ausgeben darfst, kannst du einfach deine Bestandsaufnahme zurate ziehen. Schau dir den Gesamtbetrag deiner Einnahmen an und multipliziere diese Zahl mit 0,7. Dadurch erhälst du 70 Prozent deiner Einnahmen. Dies entspricht dann genau der Summe die du ausgeben darfst. Rechne es aus und merk dir die Zahl ganz genau. Sie sollte dich nun täglich bei jeder Ausgabe begleiten. Stell dir wieder dein fiktives Gehalt von 2000 Euro vor.

2000 Euro * 0,7 = 1400 Euro

In diesem Beispiel dürften deine Ausgaben also zusammengenommen nicht höher als 1400 Euro sein. Falls du dich an das Kapitel Bestandsaufnahme erinnerst, lagen die dort aufgeführten Ausgaben bei 1630 Euro. Also 230 Euro über der magischen Grenze. Deine Aufgabe wäre nun 230 Euro pro Monat einzusparen, damit du auf die 1400 Euro kommst. Das klingt erst mal nach einer schier unüberwindbaren Aufgabe. Ist es aber nicht. Versprochen!

Natürlich musst du nicht ab dem kommenden Monat direkt auf die 70 Prozent kommen und auf mehrere hundert Euro pro Monat verzichten. Das kann niemand von dir verlangen. Wenn jemand von mir verlangen würde, dass ich ab morgen doch bitte mit nur 50 Prozent meiner Einnahmen auskommen müsste, dann würde ich ihn für verrückt erklären. Weil ich aber ein System entwickelt habe, wie ich mit meinen Finanzen umgehen muss, weiß ich zu 100 Prozent, dass ich dies in einem Jahr schaffen würde. Genau dieses System werde ich dir im Laufe des Buches noch erklären. Wichtig ist also, dass du die 70 Prozent als eine Art Ziel siehst, auf welches du hinarbeitest. Wenn du dir über die kommenden Monate Möglichkeiten schaffst, deine Ausgaben zu reduzieren und tatsächlich auf die 70 Prozent zusteuerst, dann darfst du auch gerne bei 71 Prozent halt machen. Es ist ja eher ein Richtwert als eine wirklich harte Grenze, von der dein Leben abhängt. Man muss hier also nicht päpstlicher sein als der Papst. Behalte allerdings die 70 Prozent und den damit verbundenen Betrag in Euro ständig vor Augen. Die Zahl sollte schnellstmöglich erreicht werden.

Sicherlich fragst du dich nun, was du mit den restlichen 30 Prozent machen sollst? Die Antwort darauf ist ganz einfach: Deine finanzielle Sicherheit aufbauen.

5.2 Vier Spardosen

In den nachfolgenden Abschnitten möchte ich dir ein System vorstellen mit welchem du in der Lage sein wirst deine Finanzen fast schon automatisch in den Griff zu bekommen. Nämlich indem du sinnvoll und zielgerichtet sparst. Sparen kann sogar richtig Spaß machen, wenn ein System dahinter steckt. Um dieses zu verstehen benötigst du erstmal nur ein wenig Vorstellungskraft. Stell dir erstmal nur vier Spardosen vor, die folgendermaßen angeordnet sind:

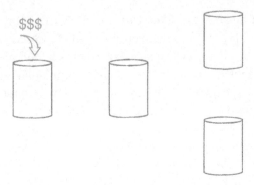

Abbildung 5.1: Vier Spardosen. Die Erste wird als erstes befüllt.

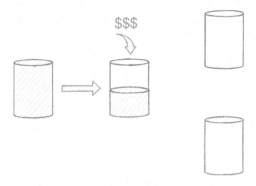

Abbildung 5.2: Vier Spardosen. Die Zweite wird befüllt, nachdem die Erste voll ist.

Beim Sparen wird als Erstes die Spardose ganz links befüllt. Sobald diese voll ist, wird die Zweite befüllt. Man darf die zweite nicht befüllen, solange die Erste nicht voll ist. Über die Höhe bzw. den Betrag der ersten Spardose brauchst du dir im Moment noch keine Gedanken machen.

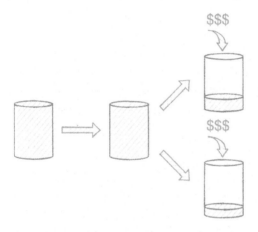

Abbildung 5.3: Vier Spardosen. Die Dritte und Vierte werden erst befüllt, nachdem die Zweite voll ist. Allerdings dürfen diese parallel befüllt werden.

Die Dritte und die Vierte Spardose sind parallel zueinander angeordnet und dürfen gleichzeitig befüllt werden. Allerdings gilt auch hier, dass sie ebenfalls erst befüllt werden dürfen, wenn die Zweite voll ist.

Du kannst dir auch Sparschweine anstelle von Spardosen vorstellen. Warum sollte ein erwachsener Mensch sein Sparschwein Bella oder Heinz nennen? Auch wenn das jetzt lächerlich klingt, aber es hilft sogar seinen Sparschweinen Namen zu geben. Es macht die ganze Sache wesentlich einfacher, weil so aus dem Sparen eine Art Spiel entsteht. Es klingt eben wesentlich witziger, wenn Bella oder Heinz wieder nen 5er gefuttert hat, statt 5 Euro in die Spardose zu stecken. Dadurch, dass man jedem dieser Sparschweine andere Namen geben kann, kann man sich daraus ein kleines Spiel aufbauen. Probiere es auf jeden Fall mal aus. Wenn es nichts für dich ist, dann lass es sein. Ich kenne genug Menschen, die ihrem Auto oder ihren Pflanzen einen Namen geben und sie dadurch hegen und pflegen wie ihr eigenes Kind. Das ist doch genau das Ziel, welches wir mit den Finanzen erreichen wollen. Wir wollen sie hegen und pflegen und sie beim Aufwachsen unterstützen. Deshalb sind Namen für Sparschweine sehr hilfreich.

Um herauszufinden wie viel Geld du für deine Dosen aufbringen musst, kannst du wieder die 70/30 Regel zu Rate ziehen. 70 Prozent deiner Einnahmen müssen alle deine Ausgaben decken, wodurch noch 30 Prozent fürs Sparen übrig bleiben.

2000 Euro * 0,3 = 600 Euro

Das wären in dem Beispiel stolze 600 Euro, was wirklich eine ganze Menge Geld ist. Es ist praktisch unmöglich von heute auf morgen so viel Geld zur Seite zu legen. Das verlange ich auch nicht von dir. Ich werde dir später noch zeigen, wie du Schritt für Schritt dort hingelangst. Für den Moment reicht es, wenn du verstehst wie ich auf die 600 Euro komme. Rechne deinen Sparbetrag jetzt selber aus indem du deine Einnahmen mit 0,3 multiplizierst. Merke dir dein Ergebnis ganz genau.

Da du jetzt weißt welchen Betrag du monatlich für das Befüllen deiner Spardosen zur Verfügung haben wirst, ist es an der Zeit, dass ich dir die einzelnen Spardosen genau erkläre. Dabei werde ich sie in der Reihenfolge vorstellen, in der sie zu befüllen sind. Die vier Spardosen lauten wie folgt:

Vier Spardosen

- Notfallrücklagen

- Sicherheitsnetz

- Langzeitersparnisse + Traumspardose

93

Spardose 1 - Notfallrücklagen

Jeder von uns war schon mindestens ein Mal in einer ähnlichen Situation: Meine Spülmaschine geht kaputt und ich muss wieder von Hand spülen, weil ich mir gerade keine neue leisten kann. Zwei Tage später kommt auch noch die Stromjahresabrechnung und es muss Geld nachgezahlt werden. Geld welches ich gerade gar nicht habe. Und eigentlich brauche ich auch bald noch einen neuen Fernseher, weil meiner schon spinnt. Warum eigentlich jedes einzelne Mal ich?

Ungeplante Kosten hat jeder Mensch zwischendurch. Diese sind allerdings gar nicht so unplanbar wie du denkst. Sind Haushaltsgeräte, Autos, Computer, Handys wirklich für die Ewigkeit gebaut worden? Nein, sind sie natürlich nicht. In dem Moment in dem du dir ein neues Handy kaufst, weißt du doch eigentlich schon, dass du in ungefähr zwei bis drei Jahren wieder ein neues brauchen wirst. Das Gleiche gilt auch für deinen Fernseher, deine Waschmaschine, deine neuen Schuhe und alle anderen Dinge, die du dir alle paar Jahre kaufen musst. Viele Ausgaben kannst du also im Vorfeld einplanen. Wenn du jetzt schon weißt, dass du in zwei Jahren wieder 300 Euro für dein neues Handy brauchen wirst, dann ist es doch sinnvoll, dass du jetzt schon anfängst dafür zu sparen.

Es gibt auch Situationen die man für einen Notfall hält, die aber gar kein Notfall sind. Wenn du am Sonntag Abend auf der Couch sitzt und Heißhunger auf Pizza bekommst, dann fühlt sich das zwar an wie ein Notfall, es ist aber keiner. Du könntest schließlich auch stattdessen in die Küche gehen und dir etwas kochen. Faulheit ist kein Notfall, sondern eine Ausrede. Hier ist eine kleine Liste was Notfälle sind und was nicht

Notfälle, die sich planen lassen:

- Kaputt gegangene Elektrogeräte wie Waschmaschinen und Fernseher
- Nachzahlungen für Strom, Wasser oder Steuern
- Reparaturen in der Wohnung oder am Auto

Keine Notfälle:

- Essensbestellungen
- Weihnachten und Geburtstage
- Das fünfte Paar Schuhe

Wie viel Geld du für deine Notfälle zur Seite legen solltest hängt von dir und deinen Ansprüchen ab. Bleiben wir bei dem Beispiel eines neuen Handys. Wenn dir 200 Euro für ein neues reichen dann wirst du mit 500 Euro auf der hohen

Kante auskommen. Falls du aber Wert auf dein Handy legst und es ein top aktuelles Smartphone für 900 Euro sein muss, dann solltest du auf jeden Fall mindestens 1000 Euro bei Seite liegen haben. Es kommt also stark auf dich selber an. Nimm dir kurz 5 Minuten Zeit und denke über die letzten Situationen nach, in denen du dringend Geld gebraucht hast. Wie hoch war in diesen Fällen der Betrag? Nimm den höchsten Betrag der dir einfällt und runde ihn großzügig auf. Das ist der Betrag den du mindestens in deinen Notfallrücklagen ansparen solltest. Ich persönlich habe für Notfälle immer ungefähr 700 Euro griffbereit. Bisher war das teuerste eine Reparatur für das Auto, welche mich ca. 650 Euro gekostet hat. Deswegen habe ich meinen damaligen Satz von 500 auf 700 erhöht und bin seither gut damit ausgekommen. Der absolute Mindestbetrag sollte aber 500 Euro sein, da du damit erfahrungsgemäß die meisten Notfälle sofort decken kannst. Selbst wenn mal zwei Dinge gleichzeitig kaputt gehen und bezahlt werden müssen, wirst du mit 500 Euro in der Regel auskommen.

Wichtig bei den Notfallrücklagen ist, dass du das Geld immer griffbereit hast, um im Falle eines Notfalls schnell handlungsfähig zu sein. Wenn dein Kühlschrank kaputt geht möchtest du nicht noch ein paar Tage darauf warten müssen, bis das Geld von deinem Sparbuch auf dein Giro-

konto übertragen worden ist. Du möchtest stattdessen das Geld am liebsten aus deiner Spardose holen und dir sofort einen neuen Kühlschrank
kaufen fahren. Darum eignet sich für deine Notfallrücklagen tatsächlich eine mit Bargeld am besten. Diese kannst du einfach irgendwo verstecken
und hast das Geld im Notfall schnell zur Hand.

Ich hoffe ich konnte dir zeigen, dass du
Notfälle einplanen kannst und auch solltest.
Wenn sie dann eintreten sind sie gar nicht mehr
so schlimm. Schließlich bist du dann auch gut auf
sie vorbereitet. Selbst wenn deine Waschmaschine und dein Trockner gleichzeitig kaputt gehen
sollten, kannst du mit deinen Notfallrücklagen
zumindest einen Großteil der anfallenden Kosten
decken.

Spardose 2 - Sicherheitsnetz

Nachdem du Geld für Notfälle zurückgelegt hast,
ist es an der Zeit, dein Sicherheitsnetz aufzuspannen. Doch was ist damit gemeint? Das Sicherheitsnetz ist dafür gedacht, dass du ohne Probleme mehrere Monate auskommst, selbst wenn du
kein Einkommen mehr haben solltest. Warum es
so wichtig ist eins aufzubauen hat verschiedene
Gründe.

Der wohl offensichtlichste Grund ist die Tatsache, dass du dir keine Sorgen machen musst

97

deinen Job zu verlieren. Selbst wenn deine Firma morgen pleite gehen sollte, hättest du immer die Möglichkeit in aller Seelenruhe einen neuen Job zu suchen. Wenn du allerdings von dem Geld abhängig bist, müsstest du vermutlich das nächstbeste Angebot nehmen das sich ergibt. Selbst wenn dein neuer Job dann weniger Spaß macht oder schlechter bezahlt wird, als dein letzter. Du wärst aber gezwungen ihn zu nehmen, weil du sonst ab dem nächsten Monat kein Geld mehr bekommen würdest. Für mich käme das nicht in Frage. Ich suche lieber einen Monat länger und habe dafür genau den richtigen Job, der zu mir passt. Es kann natürlich auch sein, dass dein aktueller Job dir absolut nicht gefällt, du aber aus finanziellen Gründen nicht kündigen möchtest. Jetzt stell dir dieselbe Situation mit einigen Tausend Euro auf deinem Konto vor. Ich glaube, die Entscheidung zu kündigen, würde dir wesentlich einfacher fallen, wenn du diese Rücklagen hättest. Mir persönlich gefällt das jedenfalls ganz und gar nicht so abhängig zu sein.

Es ist genauso wichtig finanziell abgesichert zu sein, falls du oder jemand aus deinem Verwandtenkreis krank werden sollte. In diesem Fall kann dir dein Sicherheitsnetz ebenfalls durch diese schwierige Zeit helfen. In solchen Situationen möchtest du dir über deine Finanzen eigentlich überhaupt keine Gedanken machen müssen. Genau das macht dein Sicherheitsnetz dann so extrem wertvoll, da die Kosten für Operationen, Medikamente oder Krankenhausaufenthalte durch deine Rücklagen gedeckt werden können. Es nimmt dir wenigstens eine Sorge, die dich sonst nur zusätzlich belasten würde. Häufig ist es sogar so, dass sich aus Kostengründen für eine billigere Maßnahme entschieden wird, statt die teure zu nehmen, welche aber vielversprechendere Ergebnisse liefern würde. Die Gesundheit hängt dann im wahrsten Sinne des Wortes vom Geld ab. In so einer Situation ist man froh, wenn man das nötige Geld zur Verfügung hat.

Einfach ausgedrückt kann man also sagen, dass das Sicherheitsnetz dich nachts gut schlafen lässt. Es ist praktisch egal was dir passiert, du wirst auf alle Eventualitäten vorbereitet sein. Damit hat dieses Geld aber auch eine ganz bestimmte Aufgabe und sollte auch nur dafür eingesetzt werden. Du darfst unter keinen anderen Umständen an das Geld gehen, außer du verlierst deinen Job, möchtest kündigen oder jemand wird sehr krank. Es ist sozusagen dein finanzieller Katastrophenschutz.

Doch eine Frage bleibt nun übrig: Welcher Betrag sollte in deinem Sicherheitsnetz sein, damit du auch wirklich abgesichert bist? Dies ist leider nicht so einfach zu beziffern und hängt wieder stark von dir selber ab. Wenn du einen sehr gefragten Beruf hast wirst du wahrscheinlich schnell offene Stellen und einen passenden Job für dich finden können. Wenn du allerdings in einem seltenen Berufsfeld oder hoch spezialisiert bist, dann wird sich die Jobsuche etwas schwieriger gestalten. Ich als Softwareentwickler könnte dir aus meinem eigenen Berufsfeld zwei Beispiele nennen. Für Jemanden der Internetseiten programmieren kann gibt es offene Stellen wie Sand am Meer. Für hochspezialisierte Datenbankadministratoren, die sich womöglich auch nur mit ein oder zwei Datenbanken auskennen, sind die offenen Stellen wesentlich seltener. Darum müssen solche Leute vermutlich länger suchen, um einen neuen Job zu finden. Dementsprechend sollte das Sicherheitsnetz für einen hochspezialisierten Datenbankadministratoren etwas größer sein als für einen Webentwickler. Du musst dir also schon im Vorfeld gut überlegen wie lange du für deine Jobsuche brauchen würdest und dein Sicherheitsnetz entsprechend anpassen.

Wenn du jemand bist, der nicht gerne viele Bewerbungsprozesse gleichzeitig laufen hat, dann solltest du dies ebenfalls mit einkalkulieren. Es gibt Menschen, die hauen innerhalb von einer Woche direkt 20 Bewerbungen raus und führen in einem Monat 8 Gespräche. Diese Menschen

sind sehr wahrscheinlich schnell mit der Jobsuche durch und können nach kurzer Zeit bereits einen neuen Job antreten. Es gibt aber
auch die andere Sparte von Menschen, die lieber einen kompletten Bewerbungsprozess von der
Suche bis hin zur Entscheidung durchführen, bevor sie möglicherweise eine zweite Stelle suchen.
Wenn allerdings erst die fünfte Stelle überhaupt
in Erwägung kommt, dauert der ganze Prozess
natürlich länger. Dafür können sie sich aber zu
100 Prozent auf die gerade laufende Bewerbung
konzentrieren. Hier gibt es also kein richtig oder
falsch. Du solltest aber ehrlich zu dir selber sein
und wissen ob du eher der schnelle, oder eher
der langsamere Jobsucher bist. Dementsprechend
musst du aber auch dein Sicherheitsnetz anpassen. Wie oben bereits erwähnt suche ich lieber
einen Monat länger und habe dafür einen passen-
deren Job, als einfach den nächstbesten nehmen
zu müssen, nur weil ich sonst kein Geld zum Leben habe.

Ein weiterer Punkt, den du beachten musst,
ist dein Lebensstandard. Wenn du monatlich
2000 Euro benötigst nur um deine Miete, dein
Auto und deine Lebenserhaltungskosten zu decken, dann solltest du schon eine gewisse Summe
bei Seite liegen haben. Im Gegensatz dazu ist die
Summe natürlich geringer wenn du nur 1000 Euro
für deine Fixkosten benötigst. Wenn man einfach

rechnet, müsstest du in diesem Beispiel nur die Hälfte ansparen.

Während du dir überlegst wie viel Geld du für dein Sicherheitsnetz aufbringen willst, musst du also einige Punkte beachten. Damit das allerdings nicht zu kompliziert wird, möchte ich dir eine Art Faustformel vorstellen, mit der du diesen Prozess deutlich vereinfachen kannst. Als Mindestsumme würde ich dir 3 Netto Monatsgehälter empfehlen. Wenn du 3 Nettogehälter auf der hohen Kante liegen hast, dann hast du dementsprechend mindestens 3 Monate Zeit dir einen Job zu suchen der zu dir passt. Ich unterstelle dir mal, dass du in 3 Monaten sicherlich mindestens eine Zusage bekommen wirst, wenn du dir wirklich Mühe gibst. Drei Monatsgehälter sind allerdings auch das absolute Mindestmaß, welches du ansparen solltest um finanziell abgesichert zu sein. Es macht allerdings auch wenig Sinn Geld für mehr als ein Jahr in seinem Sicherheitsnetz anzusparen. Wenn du regelmäßig Bewerbungen schreibst ist es extrem unwahrscheinlich, dass du innerhalb eines Jahres keine neue Stelle für dich findest. Selbst wenn du, so wie ich, ein sehr sicherheitsliebender Mensch bist, möchtest du doch auch mal in den Urlaub fliegen und dein Leben genießen. Es würde also mehr Sinn ergeben das Geld auch mal dafür auszugeben, statt es immer weiter zu sparen und eventuell nie anzurühren. Darum sind 12 Monatsgehälter die Obergrenze. Aber wie viele Monate sollten es denn nun sein, damit du nicht zu wenig und nicht zu viel ansparst? Als Richtwert würde ich dir 6 Nettogehälter empfehlen. Damit erkaufst du dir mindestens ein halbes Jahr, was genug Zeit ist um dir einen neuen Job zu suchen.

6 Nettogehälter klingt natürlich nach einer extrem hohen Summe. Ich verlange aber nicht von dir, dass du dies innerhalb von 4 Monaten zusammensparst. Wenn du es aber dann geschafft hast, wirst du voller Stolz zurückblicken und froh sein, dass du diesen Entschluss gefasst hast. Rechne für dich aus, wie lange du dafür sparen müsstest, wenn du jeden Monat gemäß der 70/30 Regel die vollen 30 Prozent deiner Einnahmen zur Seite legen könntest. Bei 2000 Euro Nettogehalt sind das 600 Euro, die du jeden Monat sparen könntest. Die Summe die angespart werden müsste, würde bei 6 Nettogehältern 12.000 Euro betragen.

Rechenbeispiel 1:

12.000 Euro / 600 Euro = 20

⇒ 20 Monate = 1 Jahr und 8 Monate sparen

In meinem Fall müsstest du gerade einmal 20 Monate sparen um auf die volle Summe deines Sicherheitsnetzes zu kommen. Du würdest also ein

103

bisschen mehr als anderthalb Jahre brauchen um ein Leben in kompletter Sicherheit genießen zu dürfen. In meinen Augen ist das ein extrem guter Tausch. Selbst wenn du ein niedrigeres Gehalt hast, wirst du auf das selbe Ergebnis kommen, wenn du die vollen 30 Prozent nimmst. Bei einem Gehalt von 1500 Euro wäre die Sparsumme von 30 Prozent 450 Euro. Der Betrag den du bei 6 Nettogehältern zusammensparen müsstest liegt bei 9000 Euro.

Rechenbeispiel 2:

$$9.000 \text{ Euro} / 450 \text{ Euro} = 20$$

$$\Rightarrow 20 \text{ Monate} = 1 \text{ Jahr und } 8 \text{ Monate sparen}$$

Bei voller Sparrate wirst du bei jedem Gehalt auf 20 Monate kommen, wenn du mit 30 Prozent deiner Einnahmen 6 Nettogehälter ansparst. Dieses System ist also direkt an dein Gehalt geknüpft, egal wie viel du verdienst. Klasse, oder?

Ich hoffe ich konnte dir klar machen, dass es extrem wichtig ist, sich ein Sicherheitsnetz aufzubauen. Selbst wenn es Jahre dauert ist es die Zeit auf jeden Fall wert. Ich selbst habe ein bisschen mehr als 3 Jahre lang gespart, bis ich mein Sicherheitsnetz mit 6 Nettogehältern vollständig befüllt hatte. Das ist zwar deutlich länger als 20 Monate, aber ich hatte am Anfang auch kein wirkliches

System. Selbst wenn es bei dir genau so lange dauern wird, ist das absolut in Ordnung. Wichtig ist nur, dass du anfängst und am Ball bleibst. Damit es bei dir aber schneller geht werde ich dir später auch noch einige Tipps und Tricks zeigen, wie du den Prozess erheblich beschleunigen kannst.

Spardose 3 - Langzeitersparnisse

Wenn du es bis hier hin geschafft hast, kann ich dir versprechen, dass du dich fantastisch fühlen wirst. Du wirst keinerlei finanzielle Sorgen mehr haben und bist auf sämtliche Eventualitäten vorbereitet. Auch wenn dieser Zustand für dich gerade vielleicht noch unerreichbar zu sein scheint, so kannst du mir glauben, dass du nur ein paar Jahre davon entfernt bist!

Wie du dich sicher erinnerst, darfst du die dritte und vierte Spardose gleichzeitig besparen. Jetzt wirst du sicher verstehen warum. Nachdem du durch deine Notfallrücklagen und dein Sicherheitsnetz völlig abgesichert bist, kannst du anfangen für die wirklich schönen Dinge des Lebens zu sparen. Und das darfst du natürlich parallel tun. Zu diesen schönen Dingen des Lebens gehören unter anderem Gegenstände, die du dir in den kommenden Jahren kaufen möchtest.

Beispiele für Langzeitersparnisse:

- Neue Geräte wie Laptops, Handys oder Spielekonsolen
- Ein neues Auto
- Renovierung der Wohnung
- Neue Möbel

Jetzt stellt sich natürlich die Frage, wie viel Geld du monatlich zur Seite legen solltest, damit du dir diese tollen Dinge auch kaufen kannst? Wie auch bei den anderen Spardosen hängt es stark von deiner individuellen Situation, aber auch von der jeweiligen Sache ab. Eine neue Spielekonsole kommt ungefähr alle fünf Jahre auf den Markt und einen neuen Laptop wirst du vermutlich alle zwei bis drei Jahre brauchen. Selbst ein neues Handy muss in der Regel nur alle zwei Jahre her. Überlege welche Gegenstände du regelmäßig alle paar Jahre erneuerst und schreibe sie auf. Für mich sind das folgende Dinge.

Ziele der nahen Zukunft:

- Laptop
- Handy
- Klamotten

Dazu kommen noch Sachen, die du dir in ferner Zukunft kaufen möchtest. Ein neues Auto

beispielsweise. Dies kostet dich je nach Modell
15.000 Euro aufwärts. Allerdings wirst du dir vermutlich nicht alle drei Jahre ein neues Auto kaufen, sondern eher alle zehn bis fünfzehn Jahre. Sobald du dir eins gekauft hast, wirst du also mehr
als 10 Jahre Zeit haben, um für dein nächstes
Auto zu sparen. Das ist natürlich nur ein sehr
grober Richtwert, aber einer mit dem man rechnen kann. Wenn du deine Wohnung renovieren
möchtest, wirst du das vermutlich auch nur alle
paar Jahre machen. Überlege dir auf welche in ferner Zukunft gelegenen Ziele du sparen möchtest
und schreibe sie ebenfalls auf. Das sind für mich
folgende Dinge.

Ziele der fernen Zukunft:

- Neues Auto

- Reparaturen am Haus

Nachdem du alle Gegenstände und Ziele, auf
die du hinsparen möchtest, aufgelistet hast, zähle
sie einfach zusammen. Ganz unabhängig vom Betrag, den sie kosten. Dann legst du einen Betrag fest, den du pro Gegenstand oder Ziel sparen möchtest. Ich persönlich bin eigentlich immer
sehr gut mit ungefähr 50 Euro zurecht gekommen. Mit meinen fünf Beispielen wäre das eine
Gesamtsumme von 250 Euro, die ich jeden Monat für meine Langzeitersparnisse zur Seite legen
müsste.

107

Es kann zwar sein, dass du das Geld für ein neues Auto schon brauchst, bevor du die komplette Summe dafür angespart hast. Dafür ist es aber auch wahrscheinlich, dass du das neue Auto länger fahren kannst, als du eigentlich eingeplant hast. Dadurch gleicht sich dies über die Zeit wieder ein wenig aus. Wichtig ist nur, dass du mit dem Besparen sofort weiter machst, sobald du dir von dem Geld etwas gekauft hast. Wenn du beispielsweise jeden Monat 250 Euro für deine Langzeitersparnisse zur Seite legst und dir nach vier Monaten ein neues Handy kaufst, dann sparst du einfach im fünften Monat weiter als sei nichts gewesen. Wichtig ist nur, dass du dieses Geld klar von deinen Notfallrücklagen und deinem Sicherheitsnetz trennst. Am besten sparst du es also separat auf einem eigenen Konto an.

Spardose 4 - Traumspardose

Die Traumspardose wird sicherlich deine Lieblingsspardose werden. Sie ist nämlich für deine ganz persönlichen Träume gedacht. Du willst doch ganz sicher schon seit Jahren ein bestimmtes Land bereisen, oder nicht? Oder vielleicht sogar mehrere? Mit diesem Geld hast du die Möglichkeit dazu. Eventuell wolltest du aber auch schon immer mal in einem Sportwagen über den Nürburgring brettern oder in einem Heißluftballon über die Seen und Wälder fliegen. Vielleicht wolltest du aber auch schon immer mal mit dem Segelboot die Weltmeere befahren. Du kannst dir auch einmal in der Woche alle deine Sorgen aus dem Körper massieren lassen. Was auch immer deine Träume sind, mit diesem Geld kannst du sie dir erfüllen. Ab jetzt stehen dir alle Türen offen!

Der Betrag den du für deine Traumspardose zur Verfügung hast ist der Rest nachdem du deine Langzeitersparnisse abgezogen hast. Wenn du also 600 Euro als Sparsumme zur Verfügung hast und 250 Euro für deine Langzeitersparnisse zur Seite legst, dann bleiben dir noch 350 Euro für deine Traumspardose. Auch dieses Geld solltest du separat besparen damit du deine Langzeitersparnisse und deine Traumspardose nicht vermischst. Es ist wichtig diese voneinander zu trennen, weil du sonst sehr leicht in Versuchung kommen könntest drei mal im Jahr Urlaub zu machen und nach zwei Jahren feststellst, dass du dir das Handy welches du dir zusammensparen wolltest, leider nicht kaufen kannst. Es hat also einen guten Grund warum es zwei Spardosen für deine Wünsche und Träume gibt.

5.3 Ich bekomme mehr Geld

„Hilfe, ich bekomme mehr Geld. Was soll ich jetzt tun?" Ich wette, das hat noch nie jemand zu dir gesagt. Ich möchte dir hier kurz erklären, was du tun solltest, wenn du zum Beispiel eine Gehaltserhöhung bekommst. Denn dadurch ändert sich so einiges für den Umgang mit deinen Spardosen und mit deinem Geld.

Ich könnte dir an der Stelle natürlich sagen, dass du einfach den kompletten Betrag, den du mehr bekommst sparen solltest. Angenommen du bekommst 500 Euro mehr. Dann könntest du natürlich die kompletten 500 Euro zusätzlich für das Sparen aufwenden und dadurch dein Sicherheitsnetz schneller aufgebaut haben. Somit wärst du auch schneller bei deinen Langzeitersparnissen und deiner Traumspardose. Das wäre natürlich machbar, aber die Wahrscheinlichkeit, dass du so willensstark bist ist sehr gering. Ich würde jedenfalls von dem Geld auch etwas für mich haben wollen. Immerhin habe ich sehr hart dafür gearbeitet oder bin das Risiko eingegangen und habe sogar meinen sicheren Job gewechselt.

Die bessere Alternative ist, dass du dich auch hier an die 70/30 Regel hälst. Dadurch würdest du von deinen Mehreinnahmen auch etwas für deinen Alltag haben. Nämlich genau 70 Prozent und deine Sparsumme wird im gleichen Zug um 30 Prozent erhöht. Rechnen wir das mal durch. Gehen wir davon aus, dass du vorher 2000 Euro verdient hast und mit deinem neuen Job 2500 Euro Netto verdienst.

$$2500 \text{ Euro} * 0{,}7 = 1750 \text{ Euro}$$

$$2500 \text{ Euro} * 0{,}3 = 750 \text{ Euro}$$

Statt deiner früheren 1400 Euro hast du jetzt monatlich 1750 Euro zum Leben zur Verfügung. Selbiges gilt für deinen Sparbetrag. Anstelle von ehemals 600 Euro hast du nun 750 Euro für das Sparen. Das Schöne an der 70/30 Regel ist nämlich, dass sie beide Seiten betrachtet. Wenn du sie strikt befolgst wirst du nicht nur ganz automatisch mehr sparen, sondern auch einen Teil mehr für dich selbst und deinen Lebensstandard haben. Gönn dir also ruhig etwas mehr. Du hast es dir verdient.

Eine Sache darfst du aber nicht außer Acht lassen. Dadurch, dass dein Nettoeinkommen gestiegen ist, ist auch die Summe gestiegen, die du für dein Sicherheitsnetz brauchst. Sie ist nämlich direkt an dein Gehalt gekoppelt, weil du eine bestimmte Anzahl an Nettogehältern bei Seite liegen haben musst. Darum musst du bei einer Gehaltserhöhung auch mehr Geld in der Spardose für dein Sicherheitsnetz ansparen. Wenn wir davon ausgehen, dass du dir vorgenommen hast 6 Nettogehälter in deinem Sicherheitsnetz zu haben, dann waren das bei 2000 Euro eine Summe von 12.000 Euro. Mit deinem neuen Gehalt sind das bereits 15.000 Euro.

2000 Euro * 6 = 12.000 Euro

2500 Euro * 6 = 15.000 Euro

Du darfst also auf keinen Fall vergessen, dass bei steigendem Gehalt auch dein Sicherheitsnetz größer wird.

Das Besparen läuft aber so ab wie gehabt. Monat für Monat besparst du von links nach rechts deine Spardosen. Du wirst also in den kommenden Monaten, bevor du deine Langzeitersparnisse und Traumspardose befüllst, zunächst dein Sicherheitsnetz besparen müssen. Aber keine Sorge. Es dauert nicht lange bis es wieder voll ist. Denn du hast ja auch mehr Geld für das Sparen zur Verfügung. Mit dem neuen Sparbetrag von 750 Euro hast du die Differenz von 3000 Euro in vier Monaten zusammengespart.

3000 Euro / 750 Euro = 4

Danach darfst du dich wieder deinen Wünschen und Träumen widmen und deine Langzeitersparnisse und Traumspardose besparen.

5.4 Zusammenfassung

- Die 70/30 Regel besagt, dass du mit 70 Prozent deiner Einnahmen auskommen sollst. Die anderen 30 Prozent sind für das Ansparen der vier Spardosen.

- Die Vier Spardosen helfen dir dabei deine finanzielle Zukunft zu sichern.

  - Notfallrücklagen

  - Sicherheitsnetz

  - Langzeitersparnisse + Traumspardose

- Diese werden monatlich von links nach rechts aufgefüllt.

- Die Langzeitersparnisse und die Traumspardose dürfen parallel befüllt werden.

- Passe deine finanzielle Situation regelmäßig an die 70/30 Regel an.

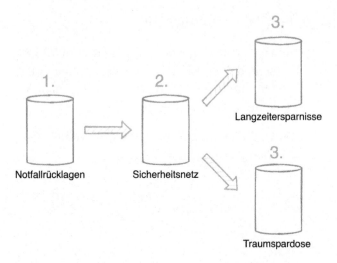

Abbildung 5.4: Alle vier Spardosen. Als Erstes weden die Notfallrücklagen befüllt. Danach das Sicherheitsnetz. Sobald dies voll ist, dürfen die Langzeitersparnisse und die Traumspardose parallel befüllt werden.

KAPITEL 6

Schritt für Schritt Anleitung

Kapitelübersicht

Ich habe dir versprochen, dass ich dir eine Schritt für Schritt Anleitung gebe, wie du deine Finanzen in den Griff bekommst. Jetzt ist es endlich soweit. Nachdem du das System für strukturierte Finanzen kennengelernt hast, werde ich dir zeigen, wie du bei Null startest und mit der Zeit an dein ganz persönliches finanzielles Ziel gelangst.

Zunächst wirst du erfahren, warum Sparen für so viele Menschen nicht funktioniert. Außerdem werde ich dir verraten, wie du Stück für Stück deine Spardosen füllst, ohne dass du in zwei Monaten kein Geld mehr zum Leben hast. Ich werde dir auch zeigen, wie du mit deinen Spardosen umgehst, falls mal ein Notfall eintritt und du an dein Erspartes musst. Am Ende dieses Kapitels wirst du mit dem Wissen gewappnet sein, um deine Finanzen endlich im Griff zu haben. Dann liegt es nur noch an dir dieses Wissen auch anzuwenden.

6.1   Bezahle zuerst dich selbst

„Ich spare was am Ende übrig bleibt." Diesen Satz hast du ganz bestimmt schon mal gehört. Eventuell ist das auch deine Strategie. Aber sei mal ehrlich: Du würdest dieses Buch wahrscheinlich nicht lesen, wenn du deine Finanzen absolut im Griff hättest. Was ist also falsch daran, am Ende

des Monats das zu sparen, was übrig bleibt? Eigentlich ist es ganz einfach. Wann waren bei dir das letzte Mal am Ende deines Monats 600 Euro übrig? Ich bin mir sicher, dass dies noch nie vorgekommen ist. Und genau das ist das Problem, warum so viele Menschen es nicht schaffen, ihre finanziellen Ziele zu erreichen.

Was kannst du also anders machen als die anderen, um cleverer zu sein? Auch hier gibt es wieder eine einfache Regel, wie richtiges Sparen funktioniert.

Die falsche Spar Regel:

Spare was am Ende übrig bleibt.

Die richtige Spar Regel:

Bezahle zuerst dich selbst.

Noch bevor du also alle anderen Rechnungen begleichst, fließt als aller erstes Geld in deine Spardosen. Wenn du diesen Ratschlag befolgst wird sich bei dir alles verändern! Das ist der mit Abstand wichtigste Punkt dieses Buchs.

Du wirst dich vermutlich fragen wie du am Ersten des Monats schon 600 Euro sparen sollst. Schließlich hast du das Geld ja auch am Ende nicht übrig und wenn du am Anfang schon Geld weglegen sollst, dann hast du doch spätestens

117

am 3. des Monats kein Geld mehr. Behandle das „*Bezahle zuerst dich selbst*"-Mantra wie eine Art Rechnung. Genau so wie du deine Miete und deine Stromrechnung bezahlst, stellst du dir selbst deine ganz persönliche Spar-Rechnung aus. Diese ist die mit Abstand wichtigste Rechnung des Monats und muss auf jeden Fall bezahlt werden. Wenn du mal deine Stromrechnung nicht bezahlen kannst, dann rufst du bei deinem Stromanbieter an und verhandelst eine Ratenzahlung des fehlenden Betrages. Das habe ich auch schon gemacht. Aber die Rechnung an dich selbst darfst du niemals vergessen oder aussetzen. Mir ist dieser Punkt wirklich unglaublich wichtig. Auch wenn dies für dich gerade absolut unmöglich klingt, so möchte ich dir zeigen, dass du es auf jeden Fall schaffen wirst. Ich zeige dir wie.

6.2   Verdopplungsmethode

„*Finanzen sind kein Sprint, sondern ein Marathon.*" In diesem Spruch steckt sehr viel Wahrheit. Wenn du mit dem Sparen anfängst, ist es wenig ratsam von heute auf morgen 600 Euro zur Seite zu legen. Das wird nicht funktionieren. Der Trick beim richtigen Sparen ist klein anzufangen. Wenn jemand zu mir käme und mir sagen würde, ich müsse jetzt aufstehen und einen Marathon laufen gehen, dann würde ich auch nach 10 Kilometern zusammenbrechen und weinen. Wenn mir aber ein Trainer zeigt, wie ich ein Jahr lang kontinuierlich an meiner Technik, meiner Kondition und meiner Ernährung arbeiten kann, dann wäre ich in einem Jahr in der Lage den Marathon zu bestreiten. Und genau so möchte ich auch dir zeigen, wie du dich Schritt für Schritt für deinen finanziellen Marathon vorbereitest.

Fange im kommenden Monat mit einem Euro an. Diesen einen Euro legst du in deine Spardose für Notfallrücklagen. Und jetzt kommt der Trick:

Verdopplungsmethode

> Fange mit einem Euro an und verdopple jeden Monat.

Monat für Monat verdoppelst du den Betrag, den du zur Seite legst. Wenn du im kommenden Monat mit einem Euro beginnst, legst du im darauf folgenden Monat 2 Euro in die Spardose. Den darauffolgenden Monat 4 Euro. Und so weiter und so fort.

Monat	Sparsumme
1. Monat	1
2. Monat	2
3. Monat	4
4. Monat	8
5. Monat	16
6. Monat	32
7. Monat	64
8. Monat	128
9. Monat	256
10. Monat	512
11. Monat	1024
12. Monat	2048

Tabelle 6.1: Auflistung der Sparraten durch die Verdopplungsmethode. Beginnend mit einem Euro könnte man nach 12 Monaten 2048 Euro sparen.

In der Tabelle kannst du sehen wie sich der Sparbetrag entwickelt, wenn du mit einem Euro anfängst und ihn jeden Monat verdoppelst. Zum Beispiel müsstest du im 8. Monat 128 Euro zur Seite legen. Im 9. wären es dann 256 Euro. Durch dieses System wirst du innerhalb eines Jahres garantiert auf die Summe kommen, die du jeden Monat nach der 70/30 Regel zur Seite legen musst. Wenn du mit dem einfachen Beispiel von 2000 Euro rechnest, müsstest du bei 30 Prozent 600 Euro zum Sparen aufbringen. Wenn du also im nächsten Monat mit einem Euro startest bist du nach 11 Monaten bei den 600 Euro angelangt. In dieser Tabelle kannst du also ganz genau sehen wann du dein ganz persönliches Ziel erreichen wirst. Egal wie hoch deine Sparsumme ist, du weißt damit jetzt schon wann du an deinem Ziel bist. Ist das nicht ein klasse Gefühl?

Du wirst dir gerade sicherlich die Frage stellen, warum du nicht direkt mit einem höheren Sparbetrag anfangen kannst. Genau diesen Fehler habe ich damals begangen. Ich kann dir also aus eigener Erfahrung sagen, dass dies keine gute Idee ist. Das Problem ist nämlich, dass sich die Sparrate zu schnell erhöht und du dich nicht lange genug an den Sparprozess gewöhnen kannst. Angenommen du würdest direkt mit 10 Euro anfangen. Dann müsstest du im vierten Monat schon 80 Euro zur Seite legen. Einen Monat darauf sind es sogar schon 160 Euro die du aufbringen müsstest. Das ist nur sehr schwer realisierbar, wenn du nicht daran gewohnt bist, Geld zur Seite zu legen. Wenn du jemand bist, der gerade erst mit dem Sparen anfängt, dann wird dir diese kurze Zeitspanne nicht ausreichen, um dich an den Prozess zu gewöhnen. Darum rate ich dir wirklich mit einem Euro zu starten und dich langsam mithilfe der Verdopplungsmethode bis an dein Ziel heranzutasten. Wenn du dies tust, musst du erst im 8. Monat von 64 Euro auf 128 Euro erhöhen. Das

entspricht ungefähr dem Sprung von 80 Euro auf
160 Euro, allerdings hättest du dafür ungefähr
doppelt so viel Zeit. Du hättest bereits 7 Monate
lang Wege gefunden, um unnötige Kosten einzusparen und den Sparbetrag zu verdoppeln. Deine
Ausgaben zu senken und dennoch auf Nichts verzichten zu müssen ist hierbei der ausschlaggeben-
de Punkt. Später werde ich dir jede Menge Tipps
geben, wie du genau das schaffst.

*„Was wenn ich es nicht schaffe zu verdop-
peln?"* Diese Frage wirst du dir im Laufe des
Prozesses auf jeden Fall stellen. Nehmen wir als
Beispiel noch mal den Schritt von 64 auf 128 Euro. Du hast es diesen Monat gerade so geschafft,
die 64 Euro zur Seite zu legen, weißt aber einfach nicht wie du im nächsten 128 Euro ansparen
sollst. Sorry für die harten Worte, aber Pech gehabt! Du wirst 128 Euro ansparen. Dann wirst
du diesen Monat eben nicht drei Mal Essen bestellen, nicht ins Kino gehen und auch nicht noch
ein Paar Hosen kaufen. Stattdessen wirst du selber kochen, Filmeabende zu Hause veranstalten
und mit den Hosen auskommen, die du zur Zeit
noch besitzt. Aber komme was wolle, du legst
nächsten Monat 128 Euro zur Seite. Ich habe dir
bereits erklärt, dass es wirklich unfassbar wichtig ist, dass du die Rechnung an dich selbst auch
wirklich einhälst und auf jeden Fall sparst. Vielleicht denkst du jetzt: *„Der hat ja leicht reden"*.

Aber glaub mir. Ich war mehrfach in genau dieser Situation und habe mir genau diese Frage gestellt. Ich wusste einfach nicht, wie ich es schaffen sollte im nächsten Monat noch mehr Geld aufzutreiben um die Sparrate zu verdoppeln. Und in genau diesen Monaten habe ich jedesmal so viele neue Wege gefunden um meine Kosten zu senken und die Sparrate doch zu verdoppeln. Viele dieser Tricks wende ich bis heute noch an. Wenn du vor dieser Situation stehst und dich fragst „*Wo bekomme ich diese verdammten 100 Euro extra her*", dann wirst du einen enormen Antrieb entwickeln um dieses Geld auch wirklich aufzutreiben. Nutze ihn!

Mir ist es wirklich wichtig, dass du am Ball bleibst. Du darfst nicht ein einziges Mal aussetzen. Falls du auch nur ein einziges Mal aussetzt wirst du scheitern. „*Einmal ist ja nicht so schlimm, oder?*" Aber wenn du einmal aussetzt, dann wird es auch ein zweites Mal geben. Und ein drittes. Und irgendwann wirst du gar nicht mehr sparen. Genau darum ist es auch so wichtig klein anzufangen und sich an den Prozess zu gewöhnen.

Wenn du mit einem Euro anfängst hast du fast ein Jahr Zeit, bis du bei dem Betrag ankommst, der 30 Prozent deiner Einnahmen ausmacht. Ein Jahr ist eine wirklich lange Zeit und

du kannst sie gut nutzen um jede Menge Spartipps auszuprobieren und die besten für dich umzusetzen. So wirst du es auf jeden Fall schaffen.

6.3 Gleichzeitig Sparen und Schulden abbauen

Ich habe dir bereits erklärt, wie man seine Spardosen sinnvoll füllt und dir ein System dafür mit-
gegeben, wie du dich langsam an den Sparprozess
gewöhnen kannst. Ich habe dir aber auch gezeigt,
wie wichtig es ist möglichst schnell schuldenfrei
zu sein und wie du deine Schulden regelmäßig
abbezahlen kannst. Hier zeige ich dir, dass beide Methoden gut miteinander kombinierbar sind
und wunderbar parallel laufen können. Es ist also
definitiv möglich, seine Schulden abzubauen und
gleichzeitig mit dem Sparen zu beginnen.

Rechnen wir das einfach mal mit dem 2000
Euro Beispiel durch. Angenommen du würdest 10
Prozent deiner Einnahmen für den Schuldenabbau aufbringen. Zusätzlich zu diesen 200 Euro
fängst du aber auch noch mit dem Sparen an
und legst 1 Euro in die Spardose für deine Notfallrücklagen. Einen Monat darauf verwendest du
wieder 200 Euro für den Schuldenabbau und verdoppelst deinen Sparbetrag auf 2 Euro. Wenn du
dies für ein Jahr ausrechnest, dann sehen die Beträge folgendermaßen aus:

Monat	Schulden	Sparen	Summe
1. Monat	200	1	201
2. Monat	200	2	202
3. Monat	200	4	204
4. Monat	200	8	208
5. Monat	200	16	216
6. Monat	200	32	232
7. Monat	200	64	264
8. Monat	200	128	328
9. Monat	200	256	456
10. Monat	200	400	600
11. Monat	200	400	600
12. Monat	200	400	600

Tabelle 6.2: Schuldenabbau und Sparen mit 200 Euro

Schaue dir die Tabelle mal etwas genauer an. In der ersten Spalte sind die Monate für ein Jahr aufgezählt. In der zweiten Spalte siehst du die 200 Euro, die du jeden Monat für den Schuldenabbau verwenden würdest. In der dritten Spalte siehst du den Betrag, den du für das Sparen aufbringen musst. Die letzte Spalte zeigt dir den Betrag, den du insgesamt für den jeweiligen Monat aufbringen müsstest um deine Schulden abzubezahlen und gleichzeitig zu sparen. Das wären im ersten Monat 201 Euro. Im zweiten Monat dann 202 Euro und so weiter und so fort.

Angenommen du hast Schulden in Höhe von 1000 Euro. Damit kannst du jetzt relativ einfach berechnen, dass du mit 200 Euro monatlich nach 5 Monaten deine kompletten Schulden abbezahlt hättest. Wie du in der Tabelle siehst, müsstest du im 5. Monat lediglich 16 Euro für das Sparen, und somit einen Gesamtbetrag von 216 Euro aufbringen. Wenn 200 Euro für dich zu viel sind, dann kannst du dir die Tabelle auch mit einer geringeren Summe erstellen, die du zum Abbezahlen deiner Schulden verwendest. Rechnen wir das Beispiel einfach mal mit 100 Euro durch.

Monat	Schulden	Sparen	Summe
1. Monat	100	1	101
2. Monat	100	2	102
3. Monat	100	4	104
4. Monat	100	8	108
5. Monat	100	16	116
6. Monat	100	32	132
7. Monat	100	64	164
8. Monat	100	128	228
9. Monat	100	256	356
10. Monat	100	500	600
11. Monat	100	500	600
12. Monat	100	500	600

Tabelle 6.3: Schuldenabbau und Sparen mit 100 Euro

126

Wenn du jeden Monat mit 100 Euro deine Schulden zurück zahlst, dann bräuchtest du dafür 10 Monate. In der Tabelle kannst du nun sehen, dass du im 10. Monat bereits bei dem Maximalbetrag von 600 Euro angekommen bist. Das ist natürlich schon etwas mehr als die 216 Euro, die du im 5. Monat bezahlen müsstest, wenn du 200 Euro für das Abbauen deiner Schulden verwenden würdest. Allerdings haben wir uns aber natürlich den Extremfall von 1000 Euro angeguckt. Gehen wir einfach mal von einer geringeren Schuldsumme von beispielsweise 700 Euro aus. Dann wärst du bei einer Rate von 100 Euro bereits im 7. Monat schuldenfrei und müsstest gerade einmal 164 Euro in der Summe aufbringen. Das ist durchaus machbar.

Um hier den richtigen Mittelwert zu finden musst du etwas rumprobieren. Ich empfehle dir diese Tabellen mal anhand deiner Einnahmen und deiner Summe an Gesamtschulden zu erstellen. Erstelle dir mehrere Tabellen die genau so aussehen wie die aus den oberen Beispielen. Berechne den Betrag für den Abbau deiner Schulden anhand von 10, 8, 5 und 3 Prozent deiner Einnahmen. Berechne auch jeweils den Gesamtbetrag, den du für den jeweiligen Monat aufbringen müsstest. Damit kannst du dir ganz genau ausrechnen wann du schuldenfrei bist und wie viel Geld du in diesem Monat auch zum Sparen aufbringen müsstest. Zu wissen, wann du deine Schulden abbezahlt haben wirst, motiviert dich sicherlich ungemein.

Ich habe dir hier gezeigt, dass du auf jeden Fall gleichzeitig deine Schulden abbauen und mit dem Sparen anfangen kannst. Mit der Verdopplungsmethode hast du genügend Zeit um deine Schulden abzubezahlen und fängst dennoch schon an dich an den Sparprozess zu gewöhnen. Das ist das Schöne an diesem System. Es ist so einfach und unkompliziert.

6.4 Was, wenn ich an das Geld muss

Es wird sicherlich der Tag kommen, an dem deine Waschmaschine kaputt geht, eine Stromnachzahlung fällig wird oder ein Knöllchen bezahlt werden muss. Jetzt wird dir das aber nicht mehr das Genick brechen. So absurd das klingen mag, aber du wirst dich vielleicht sogar ein bisschen freuen. Einfach, weil du vorbereitet bist.

Deine Spardosen haben einen ganz bestimmten Zweck und genau den sollten sie auch erfüllen, wenn du an das Geld musst. Falls du schon deine Langzeitersparnisse und deine Traumspardose besparst, kannst du aber unbesorgt sein. Dieses Geld sollte durch deine anderen beiden Spardosen abgesichert werden. Du musst also nicht gleich

128

deinen Urlaub absagen, nur weil deine Waschmaschine kaputt gegangen ist. Im Folgenden werde ich dir erklären wie du mit deinen Spardosen umgehst, falls du Geld entnehmen musst.

Notfallrücklagen - Hilfe ein Notfall

Wenn Notfälle auftreten, dann ist es natürlich auch sinnvoll als Erstes deine Notfallrücklagen dafür einzusetzen. Wenn also deine Waschmaschine kaputt geht, dann nimmst du das Geld aus der Spardose, fährst in deinen Waschmaschinenladen des Vertrauens und kaufst dir eine neue Waschmaschine. Dasselbe gilt für sämtliche anderen Dinge, die wirklich notwendig für deinen Alltag sind. Gehen wir im einfachsten Fall davon aus, dass 500 Euro in deiner Notfallspardose waren und du nun 300 Euro für eine neue Waschmaschine bezahlt hast. Wenn du schon bei deinem maximalen Sparbetrag angekommen bist, dann legst du im kommenden Monat 300 Euro für deine Notfallrücklagen zurück. Den Rest deiner Sparsumme kannst du dann in die Spardose legen, die du gerade normalerweise besparen würdest.

Wenn du aber erst bei einer Sparsumme von 128 Euro bist, dann legst du im kommenden Monat die kompletten 128 Euro für deine Notfallrücklagen beiseite. Damit bleibt ein Restbetrag von 172 Euro übrig. Im darauf folgenden Mo-

nat wäre dein Sparbetrag dann schon 256 Euro.
Von den 300 Euro, die du für deine neue Waschmaschine entnommen hast, hast du ja schon 128
Euro zurückgelegt. Du musst in dem Fall von
dem Gesamtbetrag von 256 Euro noch 172 Euro für deine Notfallrücklagen zurücklegen. Den
Restbetrag von 84 Euro kannst du dann wieder
in die Spardose tun, die du normalerweise besparen würdest. Das Prinzip ist also ganz einfach.
Monat für Monat schaust du dir von links nach
rechts deine Spardosen an und befüllst sie der
Reihe nach.

Abbildung 6.1: Wenn aus der ersten Spardose
Geld entnommen worden ist, dann wird im darauf
folgenden Monat zuerst die erste Spardose wieder
aufgefüllt.

Ich bin allerdings von dem Fall ausgegangen, dass du deine Notfallrücklagen schon vollständig angespart hast. Etwas schwieriger wird es natürlich, wenn du deine Notfallrücklagen gerade erst aufbaust. Angenommen du bist erst im 7. Sparmonat und hast damit bis jetzt ungefähr 130 Euro angespart. Falls du dann aber 300 Euro für eine neue Waschmaschine brauchst, wirst du den kompletten Betrag natürlich noch nicht angespart haben. In diesem Fall hast du aber einige Möglichkeiten, wie du vorgehen kannst.

Möglichkeit 1: Gebraucht kaufen

Du könntest dir natürlich von deinem bisher angesparten Betrag eine gebrauchte Waschmaschine kaufen. Für 130 Euro wirst du mit hundert prozentiger Wahrscheinlichkeit eine gebrauchte Waschmaschine bekommen, die du noch einige Jahre benutzen kannst. Dies ist eine absolut sinnvolle Option, weil du genau dafür deine Notfallrücklagen ansparst. Im nächsten Monat, das wäre dann der 8. Monat, kannst du dann ganz einfach die 128 Euro in die Notfallspardose legen und mit dem Sparen weiter machen wie bisher.

Schwieriger wird es aber, wenn du die Summe für etwas ausgeben musst was du dir nicht gebraucht kaufen kannst. Wenn beispielsweise

131

die Bremsen von deinem Auto repariert werden müssen und die Reparatur 300 Euro kostet. Ich würde dir nicht empfehlen, einfach irgendwelche gebrauchten Bremsen zu kaufen und dein Auto selbst auseinander- und wieder zusammenzubauen. Außer natürlich du bist dafür ausgebildet. Wenn du aber von Autos genau so viel verstehst wie von Teilchenphysik, dann solltest du das Wechseln deiner Bremsen einem Fachmann überlassen. Und dieser möchte natürlich fachgerecht dafür bezahlt werden. Was kannst du also tun, um die 300 Euro dafür aufzubringen, wenn du nur 130 Euro in deinen Notfallrücklagen hast.

Möglichkeit 2: Puffer ausnutzen

Mit etwas Glück kannst du die fehlenden 170 Euro diesen Monat durch einen finanziellen Puffer ausgleichen. Wenn du mit dem Sparen noch nicht so weit bist, aber dennoch normalerweise im Monat ein wenig Geld übrig hast, dann kannst du es genau hierfür verwenden. Dann heißt es zwar, dass du diesen Monat auf den Kinobesuch und das Essen im Restaurant verzichten musst, aber immerhin hast du vernünftige Bremsen im Auto. Dann kannst im kommenden Monat ganz normal mit deinem Sparplan weitermachen.

132

Möglichkeit 3: Ratenzahlung

Wenn du weder genug Geld in deinen Notfallrücklagen hast, noch einen finanziellen Puffer ausnutzen kannst, dann bleibt dir eigentlich nur noch die Möglichkeit eine Ratenzahlung zu vereinbaren. Du könntest die fehlenden 170 Euro in zwei 100 Euro oder sogar vier 50 Euro Raten zurückzahlen. Mit diesen Raten baust du dann deine Schulden ab und verfährst mit deinem Sparplan ganz einfach weiter.

Wenn du schon etwas weiter mit dem Sparen bist und schon eine Spardose für dein Sicherheitsnetz besparst, dann solltest du dieses Geld aber lieber nicht anrühren. Es dient einem ganz bestimmten Zweck und sollte auch nur dafür eingesetzt werden. Es wird dir bestimmt nicht leicht fallen dieses Geld nicht anzufassen, aber du solltest lernen, dass du mit deinen Notfallrücklagen deine Notfälle abdeckst. Falls du aber schon das zweite oder sogar dritte Mal aufgrund von Notfällen an das Geld aus deinem Sicherheitsnetz gehen musstest, dann würde ich dir empfehlen deine Notfallrücklagen etwas größer zu machen. Lege einfach 100 Euro oder 200 Euro zusätzlich in deine erste Spardose. Dadurch wird die Wahrscheinlichkeit geringer, dass du damit nicht auskommst.

Wie du siehst, ist das Prinzip relativ simpel. Du versuchst deine Notfälle mit deinen Rücklagen aus deiner Notfallspardose zu bezahlen und füllst diese dann in den kommenden Monaten mit der Sparrate wieder auf. Genau dafür werden sie ja auch angespart.

Sicherheitsnetz - Hilfe mein Job ist weg

Es kann natürlich passieren, dass das Worst Case Szenario eintritt und du tatsächlich deinen Job verlierst. Sei es, weil der Standort zu gemacht wird, du umziehen musst oder gekündigt wirst. Für genau diesen Fall hast du dein Sicherheitsnetz bespart. Ich habe dir schon erklärt, dass du mindestens 3 Nettogehälter und höchstens 12 Nettogehälter ansparen sollst. Hier bin ich von der vollen Netto Monatssumme ausgegangen, welche in unseren Beispielen immer 2000 Euro betrug. Angenommen du hättest bereits 4 Monatsgehälter, sprich eine Summe von 8000 Euro, in deinem Sicherheitsnetz angespart.

Was kannst du nun tun, wenn du von heute auf morgen keine Einnahmen mehr hast? Zu aller erst kannst du dich freuen. Also nicht freuen, dass du keine Einnahmen mehr hast. Aber freuen, dass du dir damals vorgenommen hast, dein Sicherheitsnetz aufzuspannen und dies auch getan hast. Jetzt hast du nämlich mindestens 4

134

Monate Zeit, um dir ganz entspannt einen neuen Job zu suchen. Wenn du mal an diesen Punkt kommst, dann wirst du vermutlich aufgrund der 70/30 Regel schon so daran gewöhnt sein mit 70 Prozent deiner Einnahmen auszukommen, dass du vermutlich sogar länger als 4 Monate davon leben kannst.

$$8000 \text{ Euro } / 1400 \text{ Euro } = 5{,}71$$

Und zwar genau 5,71 Monate, also fast 6 Monate. Obwohl du nur 4 Monate angespart hast, hast du fast 6 Monate Zeit dir einen neuen Job zu suchen. Ist das nicht fabelhaft? Das ist der Grund warum du immer mit den vollen Nettogehältern rechnen solltest. Das gibt dir ganz insgeheim noch einen weiteren zeitlichen Puffer.

Was machst du aber mit deinem Sparvorgang? Damit du dich komplett auf die Jobsuche konzentrieren kannst, würde ich alle Sparmaßnahmen fürs Erste einstellen. Zudem wirst du an dein hart erspartes Geld müssen, was dich sicherlich zusätzlich belasten wird. Da solltest du dich nicht auch noch damit rumschlagen müssen, deine Sparquote zu erreichen. Mein Tipp: konzentriere dich darauf, möglichst schnell einen neuen Job zu bekommen und fange dann sofort wieder mit dem Sparen an.

6.5   Zusammenfassung

- Bezahle zuerst dich selbst sobald Geld auf dein Konto kommt.

- Finanzen sind kein Sprint, sondern ein Marathon.

- Um dich langsam an das Sparen zu gewöhnen, fange im kommenden Monat mit einem Euro als Sparbetrag an und verdopple den Betrag monatlich.

- Gleichzeitig Sparen und Schulden abbezahlen ist möglich.

- Wenn du an deine Notfallrücklagen musst, dann bespare die Spardosen danach wieder jeden Monat von links nach rechts.

- Wenn du an dein Sicherheitsnetz musst, dann setze das Sparen aus, bis du wieder ein geregeltes Einkommen hast. Danach machst du wieder von links nach rechts weiter.

KAPITEL 7

Spaß beim Sparen

Kapitelübersicht

Über ein Jahrzehnt habe ich mich in finanziellen Tipps und Tricks ausprobiert. Ich habe viel gelernt, viel ausprobiert und auch viel für gut oder schlecht befunden. Es floss wirklich eine Menge meiner Zeit in dieses Thema, weil ich sehr dafür brenne, dass es mir und meiner Familie finanziell gut geht. Dementsprechend freue ich mich sehr darauf, die besten dieser Tricks mit dir teilen zu können.

Ich habe schon mehrfach darauf hingewiesen, dass ich dir zeigen werde, wie du es schaffst mit 70 Prozent deiner Einnahmen auszukommen. Jetzt ist es endlich soweit. Ich werde dir hier eine ganze Menge fantastischer Spartipps geben, mit denen du es mit Leichtigkeit schaffen wirst deine Ausgaben zu reduzieren, ohne den Spaß am Leben zu verlieren.

7.1   Keine Macht der Karte

Digitalisierung ist ja schon etwas Tolles. Früher musste man erst in Windeseile alle Waren in den Einkaufswagen werfen und dann sein Portemonnaie aus der Tasche wühlen. Während man im Kopf ausrechnete wie viel Geld man gleich noch für den Parkscheinautomaten brauchte, gab man dem Kassierer genau so viel, dass er einem das passende Rückgeld zurück gab. Beim Verstauen der Münzen öffnete man sein Kleingeldfach und mit etwas Pech flog einem der halbe Inhalt auf den Boden. Was für eine Misere. Soetwas kann heute kaum noch passieren. Heute hält man ganz entspannt sein linkes Handgelenk mit der Uhr auf den Kartenleser und schon hat man den exakten Betrag bezahlt. Heutzutage gibt es eigentlich kaum mehr Menschen die mit Bargeld bezahlen. Du bist ganz sicher ebenfalls jemand, der die meisten seiner Ausgaben digital bezahlt und nicht mit Bargeld. Doch das ist ein großer Fehler!

Spulen wir mal bis ans Ende des Monats vor. Dort wartet nämlich die böse Überraschung: dein Kontostand ist diesen Monat im Minus. Jetzt fängst du an, deine Ausgaben zu überprüfen und stellst fest, dass du mehr als 300 Euro für deine Einkäufe ausgegeben hast. Nämlich genau 412,78 Euro. Und das, obwohl du nur 300 Euro dafür eingeplant hast. Wie konnte das bloß passieren? Jetzt versuchst du dich daran zu erinnern woran das gelegen haben könnte. Aber eigentlich hast du bloß das eingekauft, was du auch sonst immer einkaufst. Das eine Mal hast du dir zwar ein Glas Nutella extra gegönnt, aber das wird doch nicht so viel Geld ausgemacht haben? Da gab es aber auch noch den einen Einkauf, als du den teuren Lachs genommen hast, statt die billigere Wurst. Und auch das eine Mal, als die T-Shirts im Ange-

bot waren und du gleich zwei mitgenommen hast.
Oder waren es doch drei?

Ich bin mir sicher, dass jeder von uns schon
mal am Ende des Monats in derselben Situation war und sich gedacht hat „*Wie zum Teufel
habe ich so viel Geld ausgegeben und es nicht
gemerkt?*" Man verliert komplett den Bezug zu
Geld, weil es im wahrsten Sinne des Wortes nicht
mehr physisch greifbar ist. Es fällt einem dadurch wesentlich leichter Geld auszugeben, weil
man nicht mehr rote, gelbe oder grüne Scheine überreicht, sondern nur eine Karte auf ein
Gerät legt. Ganz unabhängig vom Betrag. Dadurch werden Spontankäufe und zügelloses Einkaufen gefördert. Genau das ist das große Problem der digitalen Bezahlungsorgien. Was kann
man also tun um dem entgegenzuwirken?

Die Antwort darauf ist eigentlich ganz einfach: Wieder mit Bargeld bezahlen! Als ich noch
jünger war, habe ich genau 7,50 Euro Taschen-
geld pro Woche bekommen. Wenn ich davon etwas ausgegeben habe, habe ich mir den Restbetrag gemerkt und wusste somit immer genau wie
viel Geld ich noch im Portemonnaie hatte. Dadurch konnte ich jederzeit entscheiden, ob ich mir
den Kinobesuch diese Woche noch leisten konnte
oder nicht. Wenn ich das Geld für meine Einkäufe
immer in bar bei mir trage, kann ich vor jedem

140

Einkauf den Betrag sehen, den ich für den Rest des Monats noch zur Verfügung habe. Das lässt mich entsprechend kalkulieren.

Für dich heißt das nun, dass du deine Einkäufe auch wieder in bar bezahlen sollst. Am besten ist, du legst dir ein eigenes Einkaufsportemonnaie zu. Am Anfang des Monats hebst du das Budget für deine Einkäufe ab und steckst es in genau dieses Portemonnaie und bezahlst deine Einkäufe nur mit dem Geld aus diesem Portemonnaie. Für dein erstes Einkaufsbudget kannst du den Betrag nehmen, den du in deiner Bestandsaufnahme angenommen hast. Es kann natürlich sein, dass der Betrag am Anfang zu niedrig oder zu hoch angesetzt ist. Wenn du aber schon dein Haushaltsbuch führst, dann wird der Betrag Monat für Monat genauer. Es wird also einige Zeit dauern, bis sich ein genauer Betrag eingependelt hat. Nachdem du dann für diesen Monat alle Beträge deiner Einkäufe im Haushaltsbuch zusammengerechnet hast, nimmst du den Gesamtbetrag als dein Anfangsbudget für den nächsten Monat.

Es kann allerdings auch sein, dass du dich aus finanziellen Gründen an ein fixes Budget halten musst. Dann hilft dir das Bezahlen in Bar dabei dieses Budget auch einzuhalten. Angenommen du hast 300 Euro im Monat für deine Einkäufe eingeplant und am 15. sind noch 130 Euro in deinem Portemonnaie übrig. Dann weißt du, dass du ziemlich sicher mit deinem Budget auskommen wirst. Sind allerdings nur noch 80 Euro darin, dann heißt es für dich, dass du den Gürtel für den Rest des Monats etwas enger schnallen musst. Als Student musste ich genau das tun. Ich habe mir immer fest denselben Betrag für meine Einkäufe einkalkuliert und wenn in der letzten Woche im Monat kaum Geld mehr übrig war, dann gab es eben wieder Nudeln und Ketchup. Eigentlich waren es Nudeln mit Thunfisch und Ketchup. Ein bisschen Dekadenz musste man ja haben.

Das selbe Prinzip gilt auch fürs Tanken. Wenn du nicht genau weißt, wie viel du monatlich fürs Tanken ausgibst, dann kannst du dir auch ein eigenes Portemonnaie fürs Tanken zulegen. Lege dort den Betrag, den du für dich in deiner Bestandsaufnahme angenommen hast hinein und versuche damit auszukommen. Du wirst feststellen, dass sich sehr viele Fahrten eventuell auch mit dem Fahrrad erledigen lassen. Ich habe Menschen gesehen, die mit dem Auto 200 Meter bis zur nächsten Kreuzung gefahren sind, nur um Briefe in den Briefkasten zu werfen. Kein Witz! Bis sie das Auto aus der Garage gefahren haben bin ich zu Fuß dieselbe Strecke gegangen. Jetzt wirst du sicherlich auch darüber lachen, aber wenn du dir ein klar definiertes fixes Budget für dein Benzin gesetzt hast, dann wirst du sicher-

142

lich das ein oder andere Mal feststellen, dass du
dir einige Autofahrten sparen kannst. Oder sogar
musst. Du wirst anfangen Fahrten zu kombinie-
ren. Während du auf dem Rückweg von der Arbeit bist, kannst du auch direkt Einkaufen fahren.
Somit sparst du dir zumindest die eine Extrafahrt
zum Geschäft. Und auf derselben Strecke kannst
du auch direkt die Briefe einwerfen, die du gestern vorbereitet hast. Das ergibt jetzt natürlich
alles Sinn für dich. Dies sind aber Dinge, die dir
erst auffallen werden, wenn du wirklich budgetieren musst und das Geld physisch ausgibst, statt
einfach nur mit der Karte zu zahlen.

Fassen wir noch einmal kurz zusammen:
Wenn du Probleme damit hast, deine Ausgaben
zu kontrollieren, oder ein striktes Budget einhal-
ten musst, dann ist das Bezahlen mit Bargeld
enorm hilfreich. Du hast jederzeit Einblick in dein
Budget und kannst genauer kalkulieren. Das wird
dir dabei helfen, deine Finanzen in den Griff zu
bekommen. Und das ist fast wörtlich gemeint.

7.2 Große Einsparmöglichkeiten

In diesem Abschnitt werde ich dir einige Dinge
zeigen, die zwar große Veränderungen bedeuten,
mit denen du aber im Gegenzug auch wirklich
eine ganze Menge Geld sparen kannst. Es sind
die Dinge, die zwar schwieriger umzusetzen sind,

allerdings auch das größte Einsparpotenzial haben. Nach der 70/30 Regel sollte dein Ziel sein mit 70 Prozent deiner Nettoeinnahmen alle deine Ausgaben zu decken. Hier wirst du einige Tipps kennenlernen mit denen du diesem Ziel deutlich näher kommst.

Die Miete

Vermutlich wird den mit Abstand größten Anteil deiner Ausgaben deine Miete in Anspruch nehmen. Das ist vollkommen normal. Allerdings leisten sich sehr viele Menschen eine Wohnung oder ein Haus, welches sie sich eigentlich gar nicht leisten können. Oder besser gesagt, welches sie sich nicht leisten sollten. In vielen Fällen ist es nämlich so, dass wir gerne mehr Platz haben, als wir wirklich brauchen. Ein riesen Wohnzimmer, in dem man nur ein Mal im Monat abends mit seinen Freunden einen Spieleabend veranstaltet. Dazu dann noch eine riesige Küche, in der man sich sein Abendessen in der Mikrowelle fertig macht. Und selbstverständlich noch einen Hobbyraum in dem Sportgeräte und Objekte, die man sammelt, Staub fangen. Häufig liegt die Wohnung oder das Haus auch in der Nähe zur Innenstadt, damit man auch alles, was man braucht gemütlich in 5 Minuten erreichen kann. Für all diesen Luxus zahlt man natürlich entsprechend drauf.

Mit der Miete kann man also einiges einsparen, wenn man zu ein paar Kompromissen bereit ist. Meistens reicht ein etwas gemütlicheres Wohnzimmer, wenn man sich doch eh nur alle paar Wochen dort hineinsetzt. Es reicht auch eine etwas kleinere Küche, wenn man keine 3 Kinder hat und täglich für eine Fußballmannschaft kochen muss. Und wenn man bereit dazu ist, statt 5 Minuten auch mal 10 oder 15 zu fahren, dann wirkt sich das auch enorm auf den Mietpreis aus. Es lohnt sich in jedem Fall nach einer etwas billigeren Wohnung oder einem billigeren Haus Ausschau zu halten. Gerade wenn es etwas knapp mit dem Geld ist, kann man hier sehr leicht einige Hundert Euro einsparen. Das Beste daran ist, dass du nicht unter zeitlichem Druck stehst und unbedingt ausziehen musst. Du kannst dir mit der Suche ruhig Zeit lassen bis du etwas passendes für dich gefunden hast. Es wird sich garantiert lohnen.

Ein zweites Auto

Mit diesem Punkt treffe ich vielleicht einen Nerv. *„Immerhin braucht man ja als Paar zwei Autos"*. Da muss ich sagen, *„Nein braucht man nicht!"* Und die Einsparmöglichkeiten sind auch noch enorm. Meine Frau und ich haben nie ein zweites Auto besessen. Stattdessen haben wir für das Geld lieber ein zweites oder drittes Mal im

145

Jahr Urlaub gemacht. Die Kosten, die ein Auto verursacht sind wirklich hoch: Kfz-Versicherung, Kfz Steuern, Benzin, Verschleiß, Reparaturkosten, TÜV, Inspektion, Garagenstellplatz. Von den Anschaffungskosten mal ganz zu schweigen. Dabei musst du dir Folgendes stets vor Augen halten: Ein Auto steht die meiste Zeit nur rum und kostet dabei auch noch Geld. Du fährst es morgens auf dem Weg zur Arbeit, wo es dann 8 Stunden rumsteht. Abends fährst du wieder nach Hause, wo es weitere 15 Stunden rumsteht. Das heißt, du brauchst dein Auto nur ca. eine Stunde am Tag. Selbst wenn du Einkaufen fährst, deine Familie besuchst oder ins Kino fährst steht das Auto die meiste Zeit nur still auf einem Parkplatz. Wenn du und dein Partner jeweils ein Auto besitzt, dann habt ihr sogar zwei Autos, die die meiste Zeit still stehen und Geld schlucken. Eigentlich ist es sogar noch schlimmer, denn während ihr mit deinem Auto einkaufen seid, eure Familie besucht oder gemeinsam einen Roadtrip genießt, steht das Auto deines Partners zu Hause rum. Wenn ihr jeweils ein Auto besitzt, dann ist die Wahrscheinlichkeit also noch höher, dass eins davon häufiger unbenutzt bleibt.

Damit ihr euch die wirklich hohen Kosten eines zweiten Autos sparen könnt, könnt ihr auch auf ein Auto verzichten. Dann müsste zwar mindestens einer von euch mit den öffentlichen Verkehrsmitteln zur Arbeit fahren, aber selbst ein Monatsticket ist in den wenigsten Fällen teurer als das Benzin, welches man für die Fahrten ausgegeben hätte. Alle anderen Kosten könnte man sich dementsprechend komplett sparen. Mit einem Auto auszukommen erfordert nur in den aller seltensten Fällen einen wirklichen logistischen Mehraufwand. Es kommt im Schnitt ein Mal im Jahr vor, dass meine Frau und ich das Auto am selben Tag brauchen. Für den Fall leihen wir uns ein Auto und kommen damit immer noch günstiger davon als das ganze Jahr lang ein zweites Auto zu unterhalten.

Versicherungen

Ich möchte dir auf keinen Fall raten Versicherungen abzuschaffen. Ganz im Gegenteil. Du bist sogar verpflichtet einige Versicherungen abzuschließen. Denke da nur an deine Haftpflicht- oder Kfz-Versicherung. Aber bist du sicher, dass du günstige Versicherungen hast? Oder hast du einfach nur die erstbeste genommen, die du abschließen konntest? Selbst wenn du dich damals informiert und einen günstigen Vertrag abgeschlossen haben solltest, so ist das doch sicherlich schon einige Jahre her. Hast du in der Zwischenzeit noch mal nachgeschaut ob es nicht mittlerweile schon günstigere gibt?

147

Ich hatte diesbezüglich damals ein richtiges Schlüsselerlebnis. Als ich für mein Studium in meine erste Wohnung gezogen bin habe ich natürlich den erstbesten Vertrag unterschrieben, der mir vor die Nase gelegt worden ist. Es handelte sich dabei um so ein Versicherungspaket mit vier Versicherungen in einer. Nachdem ich dann Jahre später in einem Buch gelesen habe, wie viel Einsparmöglichkeiten man bei Versicherungen haben kann, hab ich angefangen zu recherchieren. Noch am selben Wochenende habe ich mein Versicherungspaket gekündigt und die vier Versicherungen anderweitig separat abgeschlossen. Alleine dadurch habe ich durch ein paar Stunden Arbeit, an einem einzelnen Wochenende, jeden Monat 17 Euro gespart. Das sind im Jahr 200 Euro. Von dem selben Geld konnte ich als Student mindestens 5 Konzerte besuchen. Prüfe also auf jeden Fall deine Versicherungen. Es steckt eine Menge Einsparpotenzial darin.

Alte Verträge

Ebenso wie bei alten Versicherungsverträgen gilt dies auch bei anderen Verträgen. Du hast sicherlich einen Handy-, einen Strom- und einen Internetvertrag. Eventuell hast du sogar noch weitere Verträge. Auch hier hast du riesiges Einsparpotenzial wenn du ab und an deine Verträge kontrollierst und wechselst. Selbst wenn du beim sel-

148

ben Anbieter bleibst bekommst du typischerweise mehr für denselben Preis oder dieselbe Leistung für weniger Geld. Ich mache das schon seit Jahren zum Beispiel mit meinem Handyvertrag. Sobald ich die SIM Karte nach Vertragsabschluss bekomme, schreibe ich sofort die Kündigung. Drei Monate bevor mein Vertrag ausläuft bekomme ich dann einen Brief mit der Bitte, dass ich doch beim Anbieter bleiben soll. Meistens bekommt man auch einen Flyer, der voll ist mit tollen Vorteilen, die man als Bestandskunde genießen wird. Ich rufe dann immer bei meinem Anbieter an und sage ihnen, dass ich zwar zufrieden bin, es aber bereits günstigere Verträge gibt, die für dieselbe Leistung weniger kosten, oder die mehr Leistung zum selben Preis bieten. In der Regel konnte mir dann sogar ein noch besseres Angebot gemacht werden. Man wollte mich schließlich als Kunden nicht verlieren. Auch hier kannst du also mit dem Schreiben einer Kündigung und einem Telefonat alle 2 Jahre einiges an Geld sparen. Dasselbe gilt übrigens auch für deinen Strom- und Internetanbieter. Probier es einfach mal aus.

Entertainment Abonnements

Jeder von uns hat doch mindestens drei Video Streaming Dienste, einen Musikstreaming Dienst, einen bezahlten Podcast Dienst und einen Gaming Dienst abonniert. Aber braucht man sie wirklich alle? Immerhin hat es auch Schattenseiten ein so großes Angebot zu haben. Dir kommt das doch sicherlich bekannt vor: Durch das viel zu große Angebot verbringst du eine ganze Stunde auf der Suche nach einem passenden Film, den du dir jetzt anschauen möchtest. In der selben Zeit hättest du einen Film auch schon mindestens zur Hälfte anschauen können. Mit einem einzigen Video Streamingdienst hättest du sicherlich ebenfalls etwas gefunden, was du dir anschauen wolltest, hättest dafür aber deutlich weniger Zeit benötigt.

Hinzu kommt, dass du sicherlich den ein oder anderen Dienst zwar regelmäßig bezahlst, aber so gut wie nie nutzt. Du wolltest dir nur während deines Urlaubs dieses eine Audiobuch anhören und zahlst jetzt schon seit über einem Jahr monatlich 9,79 Euro Euro dafür. Selbst wenn du dir dieses eine Audiobuch gegen eine Gebühr online geliehen hättest, wäre das immer noch wesentlich billiger gewesen. Dasselbe gilt natürlich auch, wenn du dir einen Film für einmalig 3 Euro leihst statt monatlich 10 Euro zu bezahlen. Wenn du sogar auf zwei dieser Dienste verzichtest, dann sind das bei jeweils knapp 10 Euro Ersparnis schon über 200 Euro im Jahr. Überlege dir also wirklich gut, welche Entertainment Abos du wirklich nutzt und kündige die anderen. Eigentlich reichen ein oder zwei vollkommen aus.

Klamotten

Ja, ich gebe es zu: Ich war ein T-Shirt Junkie. Während meiner Studienzeit habe ich Unmengen an T-Shirts besessen. Selbst wenn ich meine Shirts nie gewaschen hätte, hätte ich vermutlich ein ganzes Jahr lang frische Shirts im Schrank gehabt. Jahre später habe ich beim Aussortieren realisieren müssen, dass kein Mensch auf der Welt so viele T-Shirts braucht. Als ich mich damit auseinandergesetzt habe, was ich wirklich für den Alltag brauche, bin ich zu folgendem Entschluss gekommen:

Klamotten für den Alltag:

T-Shirts:	Nicht mehr als 10
Hosen:	Jeweils 2 kurze im Sommer und 2 lange im Winter
Pullover:	Eigentlich nur 2 Stück
Schuhe:	Jeweils ein Paar im Sommer und im Winter

Natürlich gehört noch ein wenig mehr dazu. Beispielsweise Anzüge oder Kleider für gute Angelegenheiten. Wenn du regelmäßig Sport treibst wirst du dafür ebenfalls ein paar T-Shirts und Hosen extra besitzen wollen. Legere Kleidung für einen Sonntag auf der Couch dürfen ebenfalls nicht fehlen. Aber auch davon besitzt du tendenziell mehr als du wirklich benötigst. Wenn du mal an deinen Schrank gehst, wirst du feststellen, dass du sogar eine ganze Menge mehr besitzt. Stell dir bei jedem einzelnen Teil mal die Frage, ob du es wirklich regelmäßig trägst. Die Antwort wird bei über 50 Prozent „*Nein*" lauten. Bevor du also das nächste Mal im Laden eine neue Hose kaufen möchtest, lege sie erstmal wieder zurück. Du kannst eine ganze Menge Geld sparen wenn du anfängst dir erst dann neue Klamotten zu kaufen, wenn du wirklich welche brauchst. Du darfst dir erst dann eine neue Hose kaufen, sobald eine von deinen alten wirklich kaputt ist. Alleine dadurch wirst du eine ganze Menge Geld sparen.

Ich habe sogar noch einen weiteren Tipp für dich. Indem du deine Klamotten gebraucht kaufst, kannst du enorm viel Geld sparen. T-Shirts, Hosen, Jacken und Schuhe lassen sich hervorragend im Second Hand Laden, auf dem Trödelmarkt oder im Internet kaufen. So kannst du für die selben 15 Euro statt ein T-Shirt gleich drei oder vier ergattern. Accessoires wie Schals, Handschuhe, Mützen für den Winter lassen sich ebenfalls sehr gut gebraucht kaufen. Sie kosten nur einen Bruchteil und nachdem man sie einmal gewaschen hat, sehen sie aus wie aus dem Laden.

7.3   Der Latte-Faktor

„*Was ist der Latte-Faktor?*" Genau das habe
ich mich auch im ersten Moment gefragt. Der
Latte-Faktor sind die kleinen unscheinbaren Ausgaben im Alltag, auf die du eigentlich verzichten
könntest. Beispielsweise den morgendlichen Latte Macchiato auf dem Weg zur Arbeit. Ein Latte
Macchiato kostet dich ca. 3 Euro. Das sind bei
durchschnittlich 23 Arbeitstagen monatliche Kosten von fast 70 Euro. Wenn man das aufs Jahr
rechnet sind das sogar fast 850 Euro. Für das
gleiche Geld kannst du ein langes Wochenende in
den Urlaub fliegen. Jetzt habe ich natürlich ein
teures Beispiel genommen. Aber selbst bei einem
täglichen coffee-to-go für einen Euro und einer 75
Cent Brezel vom Bäcker kommst du im Jahr auf
fast 500 Euro. Und dabei bleibt es in der Regel
nicht. In der Mittagspause bestellst du für 5 Euro
Essen beim Lieferservice und gönnst dir im Som-
mer auch gerne mal ein Eis. Auf dem Heimweg
kaufst du dir im Supermarkt noch Süßigkeiten
und eine Limo für den Feierabend. So kommst
du in der Woche ganz schnell auf 50 Euro die
du für Dinge ausgibst, die du eigentlich gar nicht
brauchst. Kleinvieh macht eben auch Mist.

Selbst wenn nicht alles davon auf dich zu-
trifft, solltest du dir aber eingestehen, dass auch
du Geld für Kleinigkeiten ausgibst. Was ich da-

mit sagen möchte: Auch du hast Latte-Faktoren. Du musst nur für dich selber herausfinden, welche das sind. Nimm dir ein Blatt Papier und schreibe auf wofür du am Tag Geld ausgibst. Selbst wenn du dir nur zwei oder drei Mal pro Woche einen Kaffee kaufen solltest ist es dennoch sinnvoll es aufzuschreiben. Du wirst gleich verstehen warum.

Bevor ich meine Latte-Faktoren das erste mal aufgelistet habe, bin ich immer davon ausgegangen, dass ich ein sehr disziplinierter Mensch bin. Ich habe mir nie morgens einen Kaffee gekauft und so gut wie nie Mittagessen bestellt. Allerdings habe ich mein Geld für andere Dinge ausgegeben, die ich entweder gar nicht gebraucht habe, oder billiger hätte haben können. Meine monatlichen Ausgaben sahen folgendermaßen aus:

Monatliche Ausgaben:

Zeitschriften:	10 Euro
Kino:	25 Euro
Essen bestellen:	15 Euro
Süßigkeiten:	20 Euro
Unnötig im Fitnessstudio:	20 Euro
Partys:	100 Euro
Summe:	190 Euro

Wie du siehst habe ich im Monat fast 200 Euro für Dinge ausgeben, bei denen ich viel Geld hätte sparen können. Aber was möchte ich dir damit nun sagen? Immerhin musst du ja zu Mittag essen. Und jeden Abend nur auf der Couch sitzen und das selbe Buch immer und immer wieder zu lesen wird auch irgendwann öde. Ich möchte selbstverständlich nicht, dass du aufhörst zu essen oder komplett den Spaß am Leben verlierst. Allerdings möchte ich dich dazu animieren, dir Alternativen für deine Latte-Faktoren zu überlegen und Geld zu sparen. Es geht also nicht um Verzicht, sondern um Gegenvorschläge und Sparmöglichkeiten. Ich möchte dir nachfolgend einige Inspirationen geben.

Thermobecher statt Kaffee

Kauf dir einen wirklich guten Thermobecher und mach dir jeden Morgen einen Kaffee dort hinein. Der Kaffee, den du dir selbst aufkochst kostet nur einen Bruchteil dessen, was der Kaffee beim Bäcker kostet. Selbst wenn du auf keinen Fall auf die Brezel beim Bäcker verzichten möchtest, sparst du alleine durch den Kaffee schon ungefähr 20 Euro pro Monat. Ein wirklich guter Becher kostet dich nicht mehr als die 20 Euro. Also hast du den Preis direkt im ersten Monat schon wieder raus. Der selbstgemachte Kaffee ist außerdem leckerer und gut für Umwelt ist es ebenfalls.

155

Joggen statt Fitnessstudio

Die Mitgliedschaft im Fitnessstudio war für mich ein sehr großer Latte-Faktor. Ich wollte ursprünglich Gewichte heben und habe mich deshalb dort angemeldet. Nach ungefähr zwei Monaten bin ich eigentlich nur auf dem Laufband gewesen und habe monatlich knapp 20 Euro Beitragsgebühren gezahlt. Mittlerweile gehe ich draußen laufen und kann mir die kompletten Gebühren sparen. Dafür habe ich mir auch schon einige Male echt gute Schuhe gekauft die jedes Mal über 100 Euro gekostet haben. Selbst wenn ich mir jedes Jahr neue gekauft hätte, wäre das immer noch billiger gewesen als ein Jahresbeitrag von 240 Euro. Allerdings halten die Schuhe in der Regel wesentlich länger. Wie du siehst ist es gut möglich Geld zu sparen ohne auf Sport verzichten zu müssen. Wenn du unbedingt Gewichte heben möchtest, dann kauf dir einfach ein gutes Hantelset und eine Klimmzugstange. Damit kannst du deinen ganzen Körper trainieren und es wird weniger kosten als ein Jahresbeitrag im Fitnessstudio.

Filmeabend statt Kino

Meine Frau und ich sind früher super gerne ins Kino gegangen. Wir waren mindestens einmal im Monat, meistens aber häufiger, dort. Und jedes Mal haben wir für zwei Eintrittskarten plus eine große Cola und eine große Tüte Popcorn 40 Euro ausgegeben. Mittlerweile machen wir Filmabende bei uns zu Hause. Dafür besorgen wir uns eine große Flasche Cola im Supermarkt und machen uns Popcorn in der Mikrowelle. Selbst wenn wir uns einen Film digital ausleihen sind wir in der Summe bei etwas mehr als 8 Euro. Das ist ein Fünftel dessen, was wir für einen einzelnen Kinobesuch ausgegeben haben.

Aufschnitt mitnehmen statt belegte Brötchen

Diesen Trick habe ich von einem damaligen Arbeitskollegen. Als ich ihn kennenlernte, fand ich es extrem bemerkenswert, dass er sich jeden Morgen 2 Brötchen vom Bäcker kaufte, aber seine Salami- und Käsescheiben in einer extra Tupperdose mitbrachte. Statt also 2 bereits belegte Brötchen vom Bäcker für jeweils über 2 Euro zu kaufen, hat er sich für nicht mal 50 Cent gleich zwei Brötchen mitgebracht. Damit hat er in der Woche ohne viel Mehraufwand 15 Euro gespart. Ein wirklich weiser Mann.

Selbst kochen statt bestellen

Dasselbe gilt für das Mittagessen. Anstelle sich für 5 bis 10 Euro täglich Essen zu bestellen, kann man sich auch für einen Bruchteil des Geldes

zu Hause etwas vorkochen. Oder einfach die Reste
von gestern mitnehmen. Wenn man dies einplant
und am Abend vorher eine etwas größere Portion
kocht, spart man unglaublich viel Geld. Ich koche
mir sogar am Wochenende manchmal für die ganze Woche etwas vor. Nudel- oder Reispfannen mit
Gemüse und Hähnchen kann ich wirklich empfehlen. Du kannst dir eine große Pfanne gleichmäßig
in fünf Dosen einteilen und hast mit 30 Minuten
Arbeit für jeden Tag ein leckeres selbstgekochtes
Mittagessen. Du kannst natürlich auch zwei oder
drei Gerichte vorkochen und dir dann das mitnehmen, worauf du an dem Tag Lust hast. Alleine dadurch sparst du ganz einfach 10 bis 15 Euro
pro Woche.

Wasserhahn statt Wasserflasche

Obwohl es so offensichtlich ist, habe ich diesen Trick erst sehr spät angefangen umzusetzen,
weil ich ihn nicht kannte. Die Wasserqualität in
Deutschland ist extrem gut und das Wasser aus
den Hähnen ist in der Regel sehr sauber. Selbst
wenn man sich noch einen zusätzlichen Wasserfil-
ter oder Wassersprudler kauft, ist es immer noch
billiger, als Wasser in Flaschen aus dem Supermarkt oder Getränkehandel zu kaufen.

Zigaretten selber drehen

Ich möchte dich, falls du Raucher bist jetzt nicht dazu ermutigen, das Rauchen aufzugeben. Aber wenn du dir angewöhnst, deine Zigaretten selbst zu drehen, dann ist auch hier ein enormes Einsparpotenzial vorhanden. Viele Raucher mosern über den Preis von Zigaretten und kaufen sich dennoch die wesentlich teurere Schachtel, statt zu stopfen oder zu drehen. Für den Preis einer Schachtel kann man sich mehr als doppelt so viele Zigaretten selber drehen.

Jetzt hast du einige Tricks an der Hand mit denen du nicht auf deine Gewohnheiten verzichten musst und trotzdem sparen kannst. Du musst auch nicht alle auf ein Mal angehen. Suche dir eine Alternative aus und setze sie konsequent für einen Monat um. Für mich war das der Kaffee am Bahnhof. Ich habe mir sowieso morgens einen Kaffee gekocht und musste also nur einen mehr machen, um ihn in den Thermobecher zu kippen. Schon hatte ich für die Zugfahrt einen leckeren Kaffee und brauchte mir unterwegs keinen mehr kaufen. Suche dir also am besten eine Sache aus, von der du überzeugt bist, dass du sie auch einfach umsetzen kannst. Für den darauf folgenden Monat nimmst du dir eine zweite vor und setzt sie konsequent um. Wenn du Monat für Monat an einer neuen Alternative arbeitest, dann wirst du

im Gegensatz zu heute nach einem halben Jahr
wirklich einiges an Geld sparen. Im ersten Monat
werden es vielleicht schon 20 Euro sein. Im zweiten Monat sind es dann sogar schon 50. Und nach
einem halben Jahr sind es dann schon 200 Euro
die du jeden Monat einsparst. Dieses Geld kannst
du dann für das Besparen deiner Notfallrücklagen
oder deines Sicherheitsnetz verwenden.

7.4   Der 5er Umschlag

Dies ist eine meiner absoluten Lieblingssparme-
thoden. Sie ermöglicht meiner Frau und mir jedes Jahr ein langes Wochenende in London, ohne
dass wir wirklich aktiv was dafür tun müssen. Es
gibt allerdings eine eiserne Regel, welche ein wenig Disziplin abverlangt.

Die 5er Regel

> Jeder 5 Euro Schein kommt in den
> Umschlag

Der 5er Umschlag ist eine Art zu sparen, die
meine Frau und ich irgendwann angefangen haben und schon seit Jahren durchführen. Wenn einer von uns Geld ausgibt und 5 Euro Scheine als
Rückgeld bekommt, dann werden alle 5er in den
Umschlag getan. Wenn ich also beim Bäcker ein
Brötchen für 2 Euro mit einem 20 Euro Schein

bezahle und drei 5 Euro Scheine an Rückgeld bekomme, dann stecke ich sie in ein separates Fach im Portemonnaie und zu Hause kommen sie sofort in den 5er Umschlag. So lautet die Regel.

Die Verlockung den Umschlag früher zu plündern wird vermutlich kommen, aber du musst an dieser Stelle hartnäckig bleiben. Damit du der Versuchung auch einfacher widerstehen kannst, braucht dein Umschlag ein Ziel. Als wir mit dieser Methode anfingen hatte unser Umschlag natürlich noch kein Ziel. Wir haben die 5er schön brav in den Umschlag getan und es hat keine zwei Monate gedauert bis wir für das Geld Essen bestellt haben. Und aus diesem einen „Hoppla"-Moment wurden dann zwei, dann drei und dann immer mehr. Nach knapp einem Jahr hatten wir dann sage und Schreibe 20 Euro in unserem Umschlag.

Es hat sich allerdings geändert, als Freunde von uns für 2 Jahre nach London gezogen sind. Wir haben dann beschlossen das Geld aus dem Umschlag zu verwenden um sie zu besuchen. Wir haben dick und fett „LONDON" auf den Umschlag geschrieben, womit unser Umschlag ein Ziel bekommen hat. Die Hürde das Geld für etwas anderes auszugeben ist alleine damit wesentlich höher gewesen. Jedes mal, wenn man den Umschlag in der Hand hielt und eigentlich Geld herausnehmen wollte, hatte man das Ziel wieder vor Augen. *„Nein, wir können heute nicht ins Kino, wir wollen doch im August unsere Freunde in London besuchen!"* Mit diesem Ziel sind wir eben zu Haus geblieben und haben uns einen gemütlichen Filmeabend veranstaltet, statt 40 Euro fürs Kino aus dem Umschlag zu nehmen. Ein Ziel auf dem Umschlag macht es so viel einfacher konsequent zu bleiben. Selbstverständlich haben wir es auch geschafft unsere Freunde zu besuchen. Seitdem fliegen wir sogar jedes Jahr dort hin. Anfang August gibt es bei uns immer einen Kassensturz und wir schauen, ob wir auch dieses Jahr wieder ein Appartement in der Innenstadt bekommen, oder ob wir weiter außerhalb logieren müssen. In jedem Fall können wir uns aber ein langes Wochenende in London leisten, welches wir ganz nebenbei zusammengespart haben.

Dein Ziel kann selbstverständlich ganz anders aussehen. Du könntest dir damit beispielsweise alle paar Jahre ein neues Handy kaufen, dir teure Dinge für deine Hobbies zusammensparen, oder dir einmal im Quartal eine richtig entspannende Massage gönnen. Du kannst aber auch *„NOTFÄLLE"* auf den Umschlag schreiben und damit gleich zwei Fliegen mit einer Klappe schlagen. Du solltest zwar in jedem Fall die Verdopplungsmethode verwenden um deine Notfallrücklagen anzusparen, aber mithilfe des 5er

162

Umschlags hast du eine perfekte Methode zur Hand um den Prozess wesentlich zu beschleunigen. Das Gleiche gilt natürlich auch wenn du schon dein Sicherheitsnetz besparst. Nimm am Ende des Monats das Geld aus dem Umschlag und lege es zu deinen Notfällen oder zum Ersparten deines Sicherheitsnetzes. Der 5er Umschlag ist auf jeden Fall eine fantastische Sparmethode bei der du mit ein wenig Disziplin und sehr wenig Aufwand einiges an Geld zusammensparen kannst.

7.5 Sparen beim Geld ausgeben

Beim Ausgaben von Geld lässt sich gleichzeitig auch eine ganze Menge davon sparen. Du stellst dir vermutlich gerade die Frage wie das gehen soll. Ich werde dir hier einige Beispiele nennen, wie du das ganz simpel hinbekommst.

Schlussverkäufe

Jeder von uns braucht eine gute Winterjacke. Man möchte ja schließlich nicht frieren, während man bei Minusgraden draußen Spazieren geht. Und jede Winterjacke geht auch irgendwann mal kaputt und muss ersetzt werden. Aber musst du dir eine neue Winterjacke auch wirklich erst kurz vor dem Winter kaufen? Eigentlich stellst du ja schon einen Winter vorher fest, dass die aktuel-

163

le Winterjacke entweder kaputt oder schon richtig alt ist. Du weißt also in der Regel schon ein Jahr lang, dass du eine neue brauchst und dennoch wartest du bis zum nächsten Winter um dir eine neue zu kaufen. Warum kaufst du dir diese nicht im Winterschlussverkauf? Dort sind viele Klamotten um einiges günstiger. Schals, Handschuhe, Mützen und Winterschuhe fallen in die selbe Kategorie. Für deine Sommergarderobe gilt im übrigen dasselbe. Schwimmhosen, Badeanzüge, Sommerschuhe, Sonnenbrillen und Kappen kannst du dir im Sommerschlussverkauf ebenfalls wesentlich günstiger kaufen. Dabei solltest du aber auf keinen Fall dem Kaufrausch verfallen. Kaufe diese Dinge wirklich nur, wenn du sie benötigst und nicht weil sie gerade billig sind.

Wusstest du, dass es nicht nur für Klamotten Schlussverkäufe gibt? Andere Dinge lassen sich auch sehr gut antisaisonal kaufen. Frostschutzmittel für dein Auto bekommst du im Frühsommer wesentlich günstiger. Gartenmöbel lassen sich im Herbst oder Winter ebenfalls günstiger kaufen. Wenn du dir das nächste Mal etwas kaufst, was du nur zu einer bestimmten Saison brauchst, dann warte ein paar Monate ab. Du wirst es sicher billiger bekommen.

Essensplan

Schreibe dir auf jeden Fall einen Essensplan bevor du das nächste Mal einkaufen gehst. Es bietet sich natürlich ein Essensplan für eine Woche an, aber du kannst das ganz nach deinen eigenen Ansprüchen gestalten. Vermutlich wird dir dabei schon auffallen, dass du einige Zutaten für ein paar Gerichte verwenden kannst. Beispielsweise könntest du eine Paprika für eine Gemüsepfanne benutzen und die Reste in einem leckeren Salat aufbrauchen. Das selbe gilt für einen riesigen Kohlkopf oder Salat. Du musst dir während du deinen Essensplan erstellst schon Gedanken darüber machen wie du die jeweiligen Zutaten bestmöglich verbrauchst ohne am Ende viel wegzuschmeißen. Alleine dadurch wirst du schon Geld sparen.

Einkaufszettel schreiben

Einer der einfachsten und gleichzeitig auch wirkungsvollsten Tricks ist das Schreiben eines Einkaufszettels. Wenn du das noch nicht tust, dann kann ich dir empfehlen genau diesen Tipp ab der nächsten Woche auszuprobieren. Nur durch das Schreiben eines Einkaufszettels wirst du natürlich nicht unbedingt Geld sparen. Der Trick ist also, dass du dir genau die Kleinigkeiten notierst, die du sonst spontan kaufen würdest. Dazu gehören in der Regel Süßigkeiten und Snacks, sowie Obst und Gemüse. Wenn du vor dem Süßigkeitenregal stehst und wild alles einpackst worauf du gerade Lust hast, dann brauchst du auch keinen Einkaufszettel schreiben. Je genauer du aber damit bist, desto mehr wirst du auch sparen. Statt „*Süßigkeiten*" schreibst du besser „*1 Tafel Schokolade und 1 Packung Chips*" auf. Die Wahrscheinlichkeit, dass du dann im Laden 3 Tafeln Schokolade, eine Packung Chips und eine Packung Gummibärchen kaufst ist wesentlich geringer. Das Selbe gilt auch für Obst. Wenn auf dem Zettel „*3 Äpfel und 3 Bananen*" stehen, dann wirst du vermutlich nicht noch zusätzlich 3 Birnen und eine ganze Packung Aprikosen kaufen, von denen du vermutlich die Hälfte wegschmeißt.

Kleiner Zusatztipp: Schreibe den Einkaufszettel nachdem du gegessen hast. Psychologisch betrachtet wirst du weniger Lust auf Süßigkeiten und Obst haben wenn du gerade satt bist. Durch diesen kleinen Trick wirst du genau von diesen Dingen weniger aufschreiben und auch weniger einkaufen. Alleine dadurch wirst du monatlich sicherlich 50 Euro sparen können.

Rabatte im Supermarkt

Supermärkte bieten eigentlich jede Woche neue Nahrungsmittel im Angebot an. Da ist sicherlich jedes Mal etwas dabei, was du entweder für deine Gerichte in dieser Woche brauchst, oder sogar auf Vorrat kaufen kannst. Kidneybohnen aus der Dose sind ein gutes Beispiel. Wenn du sie immer mal wieder für deine Gerichte brauchst kannst du sie auch auf Vorrat kaufen. Während sie im Angebot sind kannst du also gleich mehrere Dosen mitnehmen und bis du sie brauchst in den Schrank stellen. Sind bei deinem Einkauf sogar mehrere Artikel rabbatiert, dann macht sich das sehr schnell bemerkbar. Da lassen sich bei einem einzelnen Einkauf gerne mal 5 bis 10 Euro sparen. Wenn du also jemand bist, der gerne mal einen Schnapper macht, dann kann ich dir diese Rabattaktionen nur empfehlen. Du kannst beim Schreiben deines Einkaufszettels die rabbatierten Lebensmittel sofort markieren. Schreibe dir ebenfalls den Supermarkt daneben, in welchem das Angebot gilt. Das macht die Sache beim Einkaufen wesentlich einfacher, da du dann genau weißt, in welchem Laden du was kaufen musst, um Geld zu sparen. Dies gilt aber nicht nur für Lebensmittel. Spültabs, Waschmittel, Zahnpasta und Müllbeutel. Das sind alles Haushaltsgegenstände, die man immer wieder benötigt und sich wunderbar im Angebot kaufen lassen. Hal-

167

te einfach die Augen offen und du wirst merken, dass du bei jedem Einkauf sparen wirst.

Abends einkaufen

Beim Einkaufen lässt sich ebenfalls Geld sparen, wenn man abends einkaufen geht. Man findet abends extrem viele Lebensmittel, die drastisch reduziert sind. Obst und Gemüse beispielsweise. Wenn du in der letzten Stunde der Öffnungszeit einkaufen gehst, sind sehr viele Obst und Gemüse Fächer um bis zu 50 Prozent reduziert. Sie dürfen am nächsten Tag nicht mehr verkauft werden und würden weggeschmissen werden. Dabei sind die Lebensmittel weder schlecht noch alt. Du kannst sie beruhigt kaufen und eine ganze Menge Geld damit sparen. Aber nicht nur Obst und Gemüse sind billiger. Man kann fast in jedem Regal etwas finden, was preislich heruntergesetzt ist. Du musst nur die Augen aufhalten.

Abends tanken

Benzin ist am Abend immer wesentlich günstiger als über den Tag. Der Preis kann abends bis zu 15 Cent billiger sein als noch am Morgen. Wenn du einen 50 Liter Tank fast volltanken musst, kannst du dadurch ganz einfach knappe 7 Euro sparen. Du musst nur deinen Schweinehund überwinden und abends nochmal losfahren. Aber meistens sind die Tankstellen schnell und einfach zu erreichen. Es sollte also kein Problem darstellen um 19 Uhr schnell ins Auto zu springen und loszufahren. Es lohnt sich wirklich sehr. Angenommen du musst einmal in der Woche tanken und sparst dabei jedes Mal 7 Euro. Alleine damit hast du jeden Monat ganz einfach 28 Euro eingespart.

Gebraucht kaufen

Sehr viele Dinge kann man auch hervorragend gebraucht kaufen. Ich selbst habe mir seit Jahren kein einziges Spiel mehr neu, sondern alle gebraucht gekauft. Meistens bekommt man sie so um einiges billiger. Und es ist und bleibt dasselbe Spiel. Das Gleiche gilt für Bücher. Vermutlich sind über 70 Prozent meiner Bücher schon einmal von anderen gelesen worden, bevor ich sie gekauft habe. Aber die sehen alle fast aus wie neu und haben dafür weniger als die Hälfte gekostet. Die kann man wunderbar im Internet oder auf Trödelmärkten für deutlich unter dem Neupreis kaufen. Ich spare so pro Spiel gut und gerne 20 Euro. Pro Buch sind es auch jedes Mal 5 Euro oder mehr. Das sind jetzt natürlich meine Beispiele. Man kann so gut wie alles gebraucht kaufen. Von Klamotten bis hin zu Autoteilen, Möbeln und Haushaltsgegenständen. Die Liste kann ich jetzt ewig so weiterführen. Wenn du also das nächste Mal etwas haben möchtest, überlege dir doch mal, ob du es nicht gebraucht kaufen kannst. Das kann dir einige Euros für deine Spardosen bringen.

7.6 Ungeplante Einnahmen

Bei dem Titel denkst du dir vielleicht „*Ungeplante Einnahmen. Na die hätte ich mal gerne.*". Aber denk mal wirklich darüber nach, ob du im letzten Jahr ungeplante Einnahmen hattest. Mir fallen sofort einige Beispiele für mich selber ein: Da war das Geburtstags- und Weihnachtsgeld von meinen Eltern. Dieses bekomme ich zwar jedes Jahr, aber ich plane nicht damit. Ganz im Gegenteil. Ich versuche meine Eltern eigentlich schon seit Jahren davon zu überzeugen, dass Socken und Bücher ein besseres Geschenk wären. Aber Eltern muss man sich erst noch erziehen. Dann war da noch das Weihnachtsgeld von meinem Arbeitgeber und eine Steuerrückzahlung habe ich ebenfalls bekommen. Ebenso wie eine Rückzahlung vom Stromanbieter. Wie du siehst sind mir aus dem Stehgreif einige Dinge eingefallen, bei denen ich unerwartet Einnahmen hatte. Denk mal ein Jahr zurück und zähle alle Einnahmen auf, die du unerwartet bekommen hast. Auch du wirst das ein oder andere Mal Geld bekommen haben, mit welchem du eigentlich nicht gerechnet hast. Genau das sind ungeplante Einnahmen und du hast sie ebenfalls. Mit diesen ungeplanten Einnahmen solltest du aber auf keinen Fall rechnen, weil sie von so vielen Faktoren abhängig sind. Darum ist es besser sie nicht einzuplanen, sich aber sehr zu freuen, wenn sie eintreffen.

Ich würde hier die ungeplanten Einnahmen nicht erwähnen, wenn ich nicht auch einen guten Spartipp für dich hätte. Mithilfe dieser Einnahmen lässt sich dein finanzieller Erfolg nämlich stark beschleunigen. Es gibt auch hier wieder eine Regel die du zum Sparen anwendest:

Ungeplante Einnahmen

> Mindestens 50 Prozent deiner ungeplanten Einnahmen verwendest du für deine vier Spardosen.

Wenn du den Weg zu deinem finanziellen Erfolg beschleunigen möchtest, dann sind diese ungeplanten Einnahmen ein unfassbar starker Katalysator. Sobald du also ungeplante Einnahmen hast legst mindestens die Hälfte davon sofort zur Seite. Du wartest natürlich nicht bis zum Ende des Jahres, sondern sparst das Geld sofort. Wenn du beispielsweise eine Stromrückzahlung in Höhe von 100 Euro bekommen würdest, dann legst du, sobald das Geld auf deinem Konto eintrifft, sofort

171

50 Euro zur Seite. Genau das machst du mit jeder Zahlung, die du bekommst. Rechne dir das mal für ein ganzes Jahr aus. Angenommen du würdest über das Jahr verteilt durch deine ungeplanten Einnahmen auf eine Summe von 2500 Euro zusätzlich kommen und davon 50 Prozent in deine Spardosen legen.

2500 Euro * 0,5 = 1250 Euro

Du würdest also 1250 Euro für deine Spardosen zur Verfügung haben. Schauen wir uns dafür noch einmal kurz die ersten beiden Spardosen an.

Notfallrücklage: mindestens 500 Euro

Sicherheitsnetz: mindestens 3 Gehälter

Du könntest deine Notfallrücklage also komplett decken. Selbst wenn deine Notfallrücklagen noch vollständig aufgefüllt werden müssten, bleiben dir noch stolze 750 Euro für dein Sicherheitsnetz. Das sind bei 2000 Euro Nettogehalt mehr als ein Drittel. Das heißt du hättest in einem Jahr ganz nebenbei und ungeplant deine Notfallrücklagen komplett aufgefüllt und mehr als ein Drittel eines Nettogehalts in dein Sicherheitsnetz gesteckt.

Wie du siehst sind ungeplante Einnahmen ein unfassbar starker Katalysator auf dem Weg zum finanziellen Erfolg. Du könntest sogar noch weiter gehen und mehr als die Hälfte in deine Spardosen tun. Das würde den ganzen Prozess umso mehr beschleunigen. Allerdings musst du es auch nicht übertreiben. Ungeplante Einnahmen sind schließlich auch immer ein schöner Grund zum Feiern. Gönne dir also auch gerne mal was.

7.7   Zusammenfassung

- Bezahle in Bar, statt digital

- Es gibt viele verschiedene Möglichkeiten, um eine Menge Geld zu sparen

- Jeder Mensch hat seinen ganz persönlichen Latte-Faktor. Es lohnt sich auch kleinere Beträge zu sparen, weil sie in der Summe einiges ausmachen.

- Es finden sich immer Alternativen, um Ausgaben durch kleine Gewohnheits-veränderungen einzusparen.

- Ein 5er Umschlag hilft dir dabei, ganz nebenbei für deine kleinen Träume zu sparen.

- Ungeplante Einnahmen sind ein starker Katalysator und helfen dir deine Spardosen schneller zu füllen.

- 50 Prozent deiner ungeplanten Einnahmen legst du für deine vier Spardosen zurück.

KAPITEL 8

Finanzen Automatisieren

Kapitelübersicht

Auf den folgenden Seiten werde ich dir erklären, wie du deine vier Spardosen vollkommen automatisch besparst. Dazu werde ich dir zunächst erklären, warum das Automatisieren ein so wichtiger Erfolgsfaktor ist, um dir deinen Weg zum finanziellen Erfolg zu ebnen. Danach werde ich dir eine Schritt für Schritt Anleitung geben, wie du deine Konten und deine Daueraufträge einrichtest, sodass das Sparen fast komplett ohne einen manuellen Eingriff abläuft. Als Letztes schauen wir uns an, wie du mit dem Automatismus umgehen musst, falls du Geld aus deinen Spardosen entnimmst.

Ich werde dir einige Schritte erklären, die du durchführen musst um deine Finanzen für die kommenden Jahre zu automatisieren. Blockiere dir am kommenden Wochenende einen halben Tag Zeit um diese Schritte durchzugehen.

8.1 Warum Automatisieren

Den Prozess des Sparens zu automatisieren wird dich auf dem Weg deiner finanziellen Sorglosigkeit unterstützen. Um ehrlich zu sein hängt der Erfolg sogar ein Stück weit davon ab, ob du deine Finanzen automatisierst. Das hat einen ganz einfachen Grund: Menschen sind Gewohnheitstiere. Neue Dinge zu tun erfordert immer einen gewissen Aufwand. Aber je größer der Aufwand ist, desto unwahrscheinlicher ist die konsequente Umsetzung. Ich wette, dass auch du schon mal eine Diät für genau zwei Monate durchgehalten hast, nur um danach wieder zu deinen normalen Essgewohnheiten und deinem ursprünglichen Gewicht zurück zu kehren. Ich habe in meinem Leben schon so einiges angefangen und es Wochen später wieder abgebrochen. Da waren der Gang ins Fitnessstudio, das Lesen von mehr Büchern, das Lernen einer neuen Sprache und das Umstellen meiner Essgewohnheiten. Einiges davon habe ich komplett wieder verworfen. Anderes setze ich heute nur halbherzig um. Ich will darauf hinaus, dass das Erlernen neuer Gewohnheiten enorm anstrengend für uns Menschen ist. Darum ist die Wahrscheinlichkeit diese neuen Gewohnheiten auch dauerhaft umzusetzen sehr gering. Leider ist dies mit dem Erlernen neuer finanzieller Gewohnheiten nicht anders. Was kannst du also tun, um nicht frühzeitig aufzugeben?

Ich kann dir zu 100 Prozent garantieren, dass ich meine Finanzen nur in den Griff bekommen habe, weil ich frühzeitig genug angefangen habe meine Sparvorgänge zu automatisieren. Das hat einen enormen psychologischen Vorteil: Man kann seine Überweisungen eigentlich gar nicht vergessen. Ich musste nie aktiv daran denken

177

mein Sicherheitsnetz zu besparen. Ich habe es auch nie einfach „vergessen" nur weil ich das Geld lieber für etwas anderes ausgeben wollte. Die Wahrscheinlichkeit sich selbst, bewusst oder unbewusst, übers Ohr zu hauen wird drastisch reduziert wenn die Finanzen automatisiert ablaufen.

Es gibt aber noch einen weiteren entscheidenden Vorteil. Wenn man nicht aktiv daran denken muss, dann muss man sich auch nie wirklich selbst überwinden. Die Entscheidung passiert nämlich nur einmalig. Sobald du dich entschieden hast deine Finanzen automatisiert ablaufen zu lassen und dir danach alles eingerichtet hast, musst du nie wieder aktiv darüber nachdenken. Es kostet dich also nur ein einziges Mal Überwindungskraft. Dadurch steigt die Wahrscheinlichkeit des Erfolgs enorm.

Wie du siehst hat Automatisieren sehr viel mit Psychologie und Gewohnheit zu tun. Selbstbeherrschung ist für viele Menschen nicht gerade eine Stärke. Wenn man es schafft, sich selbst zu hinterlisten und nicht aktiv Geld weglegen zu müssen, sondern die Prozesse automatisch ablaufen zu lassen, dann werden die Finanzen deutlich einfacher.

Eine Sache habe ich noch. Es ist zwar kein starkes Argument, aber man vergisst tatsächlich, dass man Geld anspart. Das klingt jetzt ein wenig unglaubwürdig, dass jemand vergisst, dass er Geld hat. Aber mir ist folgendes passiert: Als ich anfing zu Arbeiten habe ich mir einen Bausparvertrag zugelegt. Mein erster Arbeitgeber hat mir damals Geld in Form von Vermögenswirksamen Leistungen zugezahlt. Geschenktes Geld; da sage ich doch nicht nein. Ich selbst habe auch jeden Monat ca. 100 Euro in den Vertrag eingezahlt. Monat für Monat liefen die Überweisungen auf den Bausparvertrag und ich hatte ihn schon total vergessen. Als ich dann Jahre später wegen eines Umzugs meine Konten ebenfalls umziehen musste, habe ich seit langem das erste Mal auf den Bausparvertrag geschaut. Ich war ziemlich perplex, als ich eine Summe von mehr als 4000 Euro sah. Das war vielleicht eine nette Überraschung.

8.2 Notfallrücklagen

Im ersten Schritt wird es darum gehen deine Notfallrücklagen zu automatisieren. Ich habe dir erklärt, dass du deine Notfallrücklagen am besten Bar in einer Spardose ansparst. Doch wie lässt sich das automatisieren? Durch Erinnerungen.

Schauen wir uns noch einmal an, wie viel Geld du nach der Verdopplungsmethode in den kommenden Monaten zur Seite legen müsstest und wie viel du jeweils schon gespart haben solltest.

Monat	Sparsumme	Gesparter Betrag
1. Monat	1	1
2. Monat	2	3
3. Monat	4	7
4. Monat	8	15
5. Monat	16	31
6. Monat	32	63
7. Monat	64	127
8. Monat	128	255
9. Monat	256	511
10. Monat	512	1023

Tabelle 8.1: Auflistung der Sparraten und der gesparten Summe anhand der Verdopplungsmethode.

Ich habe dir erklärt, dass 500 Euro das Minimum sind, welches du für deine Notfallrücklagen ansparen solltest. Du kannst in der Tabelle sehen, dass du im 9. Monat schon 500 Euro für deine Notfallrücklagen zusammengespart haben wirst. Du wirst dich also die nächsten neun Monate vollkommen darauf konzentrieren deine „Notfälle"-Spardose voll zu bekommen. Und mithilfe von Erinnerungen wirst du das automatisieren.

Schritt 1 - Erinnerungen stellen

Das Ziel der Erinnerungen ist, dass du unter gar keinen Umständen vergisst Geld in die Spardose zu stecken. Trage dir für die kommenden neun Monate, jeweils für den Tag an dem du dein Gehalt bekommst, den Betrag für diesen Monat in deinen Kalender ein. Mach dir zusätzlich eine Notiz mit einer Erinnerung in dein Handy. Klebe jeden Monat einen Post-it mit dem jeweiligen Betrag an die Tür zu deinem Arbeitszimmer. Gib jemandem Bescheid, dass die Person dich erinnern soll. Ich möchte, dass du an den jeweiligen Tagen mindestens auf drei verschiedene Arten daran erinnert wirst, dass du Geld in die Spardose legen musst. Du könntest dir sogar die selben Erinnerungen für drei Tage hintereinander eintragen. Es soll dich regelrecht nerven und dafür sorgen, dass du das Geld unter allen Umständen zur Seite legst.

Der erste Schritt klingt für dich vermutlich gar nicht so automatisch, wie du es dir vorgestellt hast. Allerdings wirst du die Erinnerungen nur ein einziges Mal erstellen und danach für die kommenden neun Monate nichts mehr tun müssen, außer das Geld auch wirklich in die Spardose zu stecken. Das ist wesentlich besser als sich jeden Monat aufs Neue daran erinnern zu müssen.

181

8.3   Sicherheitsnetz

Nachdem du dich um deine Notfallrücklagen gekümmert hast ist dein Sicherheitsnetz an der Reihe. Wie du in der obigen Tabelle entnehmen kannst, wirst du ab dem zehnten Monat schon ein ganz schönes Sümmchen sparen müssen. Um genau zu sein sind es 512 Euro die du bei deiner ersten Überweisung für dein Sicherheitsnetz zur Seite legen wirst. Wenn das schon mehr als 30 Prozent deiner Einnahmen sein sollten, dann nimmst du entsprechend diesen Betrag und nicht die vollen 512 Euro.

Für dein Sicherheitsnetz wollen wir das Ansparen allerdings bereits vollständig automatisieren. Du sollst ab diesem Zeitpunkt kein einziges Mal mehr darüber nachdenken müssen und das Geld ohne manuelle Arbeit ansparen. Dafür musst du als Erstes ein separates Konto für dein Sicherheitsnetz erstellen. Du wirst dich vielleicht fragen, warum du ein zusätzliches Konto einrichten sollst. Immerhin hast du schon eins und ein weiteres Konto kostet dich schließlich auch Geld. Diese Kosten kannst du aber in der Regel vernachlässigen. Selbst wenn du jährlich 20 Euro für Kontoführungsgebühren bezahlst, hast du das Geld wieder rausgeholt, wenn du monatlich auf einen einzigen coffee-to-go verzichtest. Außerdem sollte dir dein finanzieller Erfolg das Geld definitiv wert sein. Wenn dich die Kosten allerdings dennoch abschrecken, dann such dir eine andere Bank, bei der es weniger oder sogar gar kein Geld kostet.

Schritt 2 - Tagesgeldkonto eröffnen

Für dein Sicherheitsnetz empfehle ich dir ein Tagesgeldkonto. Ich habe mich hier bewusst gegen ein Girokonto entschieden, weil man von einem Tagesgeldkonto keine Überweisungen tätigen kann. Du bekommst auch keine Karte mit der du von diesem Konto aus bezahlen kannst. Du hast dementsprechend gar keine Möglichkeit im Laden mit dem Geld aus deinem Sicherheitsnetz zu bezahlen. Ein Tagesgeldkonto ist also praktisch wie ein Sparbuch, bloß ohne ein physisches Buch. Das heißt, du musst auch nicht immer zur Bank rennen, wenn du Geld auf dein Tagesgeldkonto überweisen möchtest, sondern kannst es bequem von zu Hause im Internet erledigen.

Wie eröffnest du nun ein Tagesgeldkonto? Heutzutage hat ja schon fast jeder Online Banking. Als ich damals mein erstes Tagesgeldkonto eingerichtet habe, ging das über ein paar Clicks auf der Webseite meiner Bank. Das sollte für dich vermutlich genau so funktionieren. Du kannst aber auch in eine Filiale deiner Bank gehen und dir das Tagesgeldkonto dort erstellen lassen.

Schritt 3 - Einzelaufträge bis Maximalsumme einrichten

In diesem Schritt geht es um den Übergang von dem Betrag, mit dem du aufgehört hast deine Notfallrücklagen zu besparen bis zu deinem maximalen Sparbetrag von 30 Prozent deiner Einnahmen. In Schritt 1 habe ich dir erklärt, dass du im neunten Monat ungefähr 500 Euro in deiner „Notfälle"-Spardose zusammengespart hast. Ab dem zenten Monat müsstest du laut der Verdopplungsmethode 512 Euro zur Seite legen. Dieser Betrag wird dann zum ersten Mal in dein Sicherheitsnetz eingezahlt werden. Falls die 512 Euro schon höher sein sollten, als deine maximale Sparsumme, dann kannst du Schritt 3 überspringen und direkt zu Schritt 4 übergehen.

Wenn die 512 Euro aber niedriger sein sollten als dein maximaler Sparbetrag, dann solltest du für diese Zeit einzelne Überweisungsaufträge einrichten. In meinem Beispiel ist die maximale Sparsumme 600 Euro. Das heißt ich müsste für den zehnten Monat einen einzelnen Überweisungsauftrag einrichten. Einen Monat später würde ich laut der Verdopplungsmethode 1024 Euro sparen müssen und damit über die 600 Euro Maximalgrenze kommen. Also brauche ich nur für einen Monat eine Einzelüberweisung einrichten.

Schritt 4 - Dauerauftrag einrichten

Wenn du an diesem Zeitpunkt angekommen sein wirst, wirst du dich schon über Monate hinweg an den Sparprozess gewöhnt haben. Sparen sollte für dich also schon absolute Routine geworden sein. Um es dir aber noch einfacher zu machen wirst du jetzt dein Sicherheitsnetz vollkommen automatisiert besparen und den Grundstein dafür schon heute legen indem du einen Dauerauftrag einrichtest. Du solltest mithilfe der Verdopplungsmethode und den Schritten aus den vorangegangenen Abschnitten bereits bei den 30 Prozent deiner Einnahmen angekommen sein. Der Dauerauftrag wird dementsprechend monatlich genau diesen Maximalbetrag auf dein Tagesgeldkonto überweisen.

Deinen Dauerauftrag kannst du auch wieder online selbst einrichten oder in einer Filiale deiner Bank für dich einrichten lassen. Wichtig beim Erstellen sind folgende Punkte: Der Ausführungszeitpunkt sollte der Tag sein an dem du in der Regel dein Gehalt auf dein Konto überwiesen bekommst. Dadurch wirst du gar nicht erst in Versuchung kommen das Geld anderweitig auszugeben. Der Ausführungsrythmus sollte monatlich sein, damit du auch wirklich konsequent sparst. Ebenso soll der Dauerauftrag zeitlich unbegrenzt laufen.

185

Herzlichen Glückwunsch. Wenn du diesen Schritt ausgeführt hast, dann hast du den Grundstein für deine automatisierte finanzielle Zukunft gesetzt. Ab jetzt kannst du dich praktisch zurücklehnen und die kommenden Monate zuschauen wie zunächst deine Notfallrücklagen und danach dein Sicherheitsnetz wachsen. Ganz ausruhen solltest du dich natürlich nicht. Immerhin musst du jetzt dafür sorgen, dass du die Sparsumme auch stetig verdoppeln kannst. Ließ dir das Kapitel 7 *Spaß beim Sparen* also nochmal ganz in Ruhe durch und fange gleich morgen damit an die Punkte daraus umzusetzen.

8.4 Langzeitersparnisse und Traumspardose

Wenn du so bist wie ich, dann wirst du während der Sparzeit natürlich auch zwischendurch auf deine Konten gucken wollen. Wenn du dies tust wirst du auch feststellen ob dein Sicherheitsnetz schon vollständig bespart ist. Sobald du an diesem Zeitpunkt angekommen bist wirst du sicherlich auch deine Langzeitersparnisse und deine Traumspardose automatisiert besparen wollen. Dies kannst du anfangen indem du zwei weitere Tagesgeldkonten eröffnest.

Schritt 5 - Zwei weitere Tagesgeldkonten öffnen

Du solltest es vermeiden das Geld für deine dritte und vierte Spardose auch auf das Tagesgeldkonto deines Sicherheitsnetzes anzusparen. Dein Sicherheitsnetz lässt dich nachts ruhig schlafen und ist für einen bestimmten Zweck angespart. Von diesem Geld musst du hoffentlich nie etwas abheben. Ganz anders ist es mit dem Geld aus deinen Langzeitersparnissen oder deiner Traumspardose. Wenn du beispielsweise in den Urlaub fliegst, dir ein neues Handy kaufst oder deine Wohnung neu streichst, dann entnimmst du Geld aus der jeweiligen Spardose. Dabei ist wichtig jeweils zwei eigene Tagesgeldkonten für deine Langzeitersparnisse und deine Traumspardose zu haben, da sie unterschiedliche Ziele verfolgen. Das Geld sollte dementsprechend auch voneinander getrennt angespart werden. Genau so wie auch zuvor kannst du deine nächsten zwei Tagesgeldkonten entweder per Online Banking erstellen oder bei deiner Bank vorbeifahren und sie für dich eröffnen lassen.

187

Schritt 6 - Daueraufträge einrichten

Nachdem du zwei weitere Tagesgeldkonten eröffnet hast ist es logisch auch jeweils einen separaten Dauerauftrag einzurichten. Sobald du die Daueraufträge für die dritte und vierte Spardose einrichtest kannst du den Dauerauftrag für dein Sicherheitsnetz aussetzen. Ich würde den Dauerauftrag nicht löschen, weil du ihn eventuell nochmal brauchst und es mehr Aufwand ist diesen dann neu aufzusetzen. Daher reicht es wenn du ihn ab einem bestimmten Datum aussetzt. Nun kannst du dich dem Einrichten der weiteren Daueraufträgen widmen.

Als ich dir die vier Spardosen erklärt habe, habe ich beschrieben wofür die Langzeitersparnisse angespart werden. Davon kaufst du dir Dinge wie ein neues Handy, einen neuen Laptop oder eine neue Spielekonsole. Ich hatte dich auch darum gebeten, dir eine Liste genau dieser Dinge zu erstellen und die Anzahl zu zählen. Dies hatte ich getan, weil du monatlich 50 Euro pro Objekt einrechnen sollst, um damit deine Langzeitersparnisse zu besparen. Gehen wir der Einfachheit halber von genau den drei Dingen aus, die ich oben beschrieben habe. Dann müsstest du einen Dauerauftrag einrichten, welcher 150 Euro monatlich auf das Tagesgeldkonto für deine Langzeitersparnisse überweist. Wenn du beispielsweise

auch noch für ein neues Auto und für eine Renovierung sparen möchtest, dann erhöht sich dieser
Betrag dementsprechend zwei mal um 50 Euro,
was in der Summe 250 Euro ergibt.

Der restliche Betrag, der von deinem maximalen Sparbetrag übrig bleibt, wird per Dauerauftrag auf dein drittes Tagesgeldkonto überwiesen
und ist für deine Traumspardose. In unserem 600
Euro Beispiel wären das, abzüglich der 150 Euro,
450 Euro die du monatlich ansparen kannst.

Mit diesem finalen Schritt 6 hast du nun Alles eingerichtet, um deine Finanzen für den Rest
deines Lebens vollkommen automatisiert ablaufen zu lassen. Eine Sache muss ich dir allerdings
noch erklären. Wie gehst du mit deinen Daueraufträgen um wenn ein Notfall eintritt.

8.5 Hilfe ein Notfall

Es wird im Laufe der Zeit natürlich ein Notfall eintreten und du musst dein Geld aus deiner
Spardose nehmen, um damit eine Rechnung bezahlen zu müssen. Da du deine Spardosen monatlich immer von links nach rechts auffüllen
sollst, musst du in dem darauf folgenden Monat
also als erstes Geld für deine Notfallrücklagen
zurücklegen, bevor du deine anderen Spardosen
besparst. In einem solchen Fall kannst du deinen

aktuell laufenden Dauerauftrag einmalig aussetzen und das Geld manuell abheben und in deinen „Notfälle"-Spardose zurücklegen. Gehen wir
davon aus, dass du mitten im Monat eine neue
Waschmaschine gekauft hast und dafür 400 Euro aus den Notfallrücklagen entnehmen musstest.
Dann gehst du in dein Online Banking und setzt
den Dauerauftrag für den kommenden Monat einmalig aus. Am Anfang des kommenden Monats
hebst du dann die 400 Euro ab und legst sie
zurück in deinen Umschlag. Dadurch, dass du den
Dauerauftrag aber nur pausiert hast, läuft er im
Monat darauf wieder weiter. Es ist also nur ganz
kleiner manueller Aufwand nötig.

Was aber, wenn das Worst Case Szenario auf-
tritt und du deinen Job verlierst und an das Geld
aus deinem Sicherheitsnetz musst? Ich habe dir
empfohlen in diesem Fall alle deine Sparmaßnahmen einzustellen und die kommenden Monate von
deinem Sicherheitsnetz zu leben. Durch die Daueraufträge geht das sehr einfach. Du pausierst den
laufenden Dauerauftrag auf unbestimmte Zeit
und konzentrierst dich auf die Jobsuche. Sobald
du einen neuen Job gefunden hast und wieder ein
regelmäßiges Einkommen auf dein Konto fließt,
kannst du deinen Dauerauftrag einfach wieder re-
aktivieren. Dadurch wirst du ab dem darauf folgenden Monat deine Spardosen in gewohnter Ma-
nier automatisch weiter besparen.

Zusammenfassung

- Seine Finanzen zu automatisieren ist ein entscheidendes Erfolgskriterium.

- Durch die Automatisierung des Sparens kann man es nicht vergessen.

- Es gibt 6 Schritte seine Finanzen zu Automatisieren:

  1. Erinnerungen für deine Notfallrücklagen erstellen

  2. Ein Tagesgeldkonto für dein Sicherheitsnetz einrichten

  3. Einzelne Überweisungsaufträge erstellen bis du deine maximale Sparsumme erreicht hast

  4. Einen Dauerauftrag für dein Sicherheitsnetz einrichten

  5. Zwei weitere Tagesgeldkonten für deine Langzeitersparnisse und deine Traumspardose eröffnen

  6. Daueraufträge für diese einrichten

- Sobald du an deine Notfallrücklagen musst pausierst du den laufenden Dauerauftrag und füllst deine Spardose im nächsten Monat erstmal wieder auf.

Epilog

Lieber Leser, liebe Leserin. Ich hoffe du hattest beim Lesen dieses Buches mindestens genau so viel Spaß wie ich beim Schreiben. Mein finanzieller Erfolg begleitet mich nun schon mehr als 10 Jahre und ich bin verdammt stolz darauf, dass ich meine Finanzen voll im Griff habe. Ich habe dir hier die besten Tipps und Tricks die ich auf meinem Weg gesammelt habe niedergeschrieben, um dir dabei zu helfen das selbe Ziel zu erreichen. Ich bin mir absolut sicher, dass du es mithilfe dieses Buches ebenfalls schaffen wirst deine Finanzen endlich in den Griff zu bekommen.

Mithilfe der vier Spardosen habe ich dir ein System an die Hand gegeben, welches dir den Weg zu deinem finanziellen Erfolg ebnet. Ich habe dir gezeigt, wie du das Besparen dieser Spardosen praktisch vollkommen automatisieren kannst. Damit wirst du klüger Sparen als die meisten anderen Menschen. Ich habe dir gezeigt wie du dich mithilfe der Verdopplungsmethode ganz langsam an das Sparen gewöhnen kannst und am Ball bleibst. Zudem habe ich dir jede Menge Tipps gegeben mit welchen du es schaffst deine Kosten zu senken ohne auf den Spaß im Leben verzichten zu müssen. Außerdem habe ich dir gezeigt wie du deine Schulden abbezahlst und keine weiteren mehr aufbaust, weil du dich durch meine Tipps nun auf unerwartete Ausgaben vorbereiten kannst.

Wenn du die Schritte in diesem Buch befolgst, dann wirst du am Ende deine Notfallrücklagen in einer Spardose jederzeit griffbereit haben. Das Geld für dein Sicherheitsnetz wird auf einem Tagesgeldkonto liegen und hoffentlich nie Verwendung finden. Deine Langzeitersparnisse und deine Traumspardose werden jeweils auf zwei separaten Tagesgeldkonten befüllt werden und dir zur Verfügung stehen sobald du Geld daraus entnehmen möchtest. Dein Leben wird finanziell sorglos sein und du wirst deine Finanzen vollständig im Griff haben!

Printed in Great Britain
by Amazon

41323609R00116